Mensch sucht Sinn

Sybil Rosen ist Amerikanerin. Sie wuchs in einem jüdischen Elternhaus auf und wandte sich als Erwachsene dem Buddhismus zu. Heute arbeitet sie als Drehbuch- und Jugendbuchautorin. Bei Urachhaus erschien ihr autobiografisches Jugendbuch »Speed of Light«, in dem ein Mädchen von seiner Jugend mit einer Überlebenden des Holocausts erzählt. Ihre Erzählung für die Anthologie »Mensch sucht Sinn« wurde von der renommierten Übersetzerin Cornelia Holfelder-von der Tann ins Deutsche übertragen.

Hanna Jansen, geboren 1946 in Diepholz, war nach dem Studium im Schuldienst und in der Lehrerfortbildung tätig, spielte Theater und leitete Literaturwerkstätten. Sie ist engagierte Autorin zahlreicher Bücher für Kinder und Jugendliche. Dreizehn Kinder aus aller Welt fanden bei ihr und ihrem Mann ein neues Zuhause. Nachdem der Großteil der Kinder in ein eigenes Leben aufgebrochen ist, lebt die Autorin nun mit ihrem Mann und dem Jüngsten in einem kleinen Dorf in der Vulkaneifel.

Dr. Vanamali Gunturu wurde 1956 in Nellore, Indien, geboren. Er studierte Philosophie, Geschichte, Englische Literatur und Sanskrit Literatur in Hyderabad und promovierte in München im Fach Philosophie. Er veröffentlicht seit einigen Jahren Bücher für Erwachsene, unter anderem über Jiddu Krishnamurti, Mahatma Gandhi, über den Hinduismus und das Kamasutra bei Diederichs. Um den Hinduismus geht es in seiner Geschichte in dieser Anthologie.

Ghazi Abdel-Qadir wurde 1948 in Palästina geboren. Der renommierte Erzähler lebt seit vielen Jahren in Deutschland und publiziert in deutscher Sprache. Für seine Kinder- und Jugendbücher wurden ihm viele Preise verliehen, unter anderem der *Österreichische Jugendbuchpreis* 1994, der Zürcher Kinderbuchpreis *La vache qui lit* 1994 und der *Friedrich-Gerstäcker-Preis* 1992. Zweimal waren seine Werke auf der Auswahlliste zum *Deutschen Jugendliteraturpreis*. Er studierte Germanistik, Islamwissenschaften und Evangelische Theologie.

Judith N. Klein studierte Romanistik, Sozialwissenschaften und Judaistik. Nach Tätigkeiten in Deutschland, Israel, Frankreich und Portugal sowie einer Habilitation über »Literatur und Genozid« wandte sie sich dem literarischen Schreiben und Übersetzen zu. Sie veröffentlichte Erzählungen und Essays. Sie lebt in Paris und Osnabrück.

Sybil Rosen

Hanna Jansen

Vanamali Gunturu

Ghazi Abdel-Qadir

Judith N. Klein

Mensch sucht Sinn

Fünf Erlebnisse
mit den Weltreligionen

Mit Illustrationen von
Eva Schöffmann-Davidov

Gabriel

Inhalt

Sybil Rosen

Shannon

Ab jetzt steht Wasser auf meiner Hassliste. Und die wird immer länger. Weil ich nämlich auch noch Camping-Trips draufsetze und Mücken und ältere glatzköpfige Frauen, die so tun, als fänden sie dieses ganze langweilige Zeug toll. Die glatzköpfige Frau ist meine Tante Becky, die jetzt gerade hinter mir in diesem blöden Kanu sitzt, mit einem grünen Netzding über dem weißen Kopf, gegen die Mücken, sodass sie aussieht wie eine Glühbirne hinter einem durchlöcherten Lampenschirm, ohne Witz.

Tante Beckys Glatze kommt nicht daher, dass sie Skinhead ist oder Krebs hat oder diese verrückte Krankheit, wo einem sämtliche Haare ausfallen, überall, sogar die Augenbrauen. Und es war auch kein Unfall, wegen dem man ihr satellitenschüsselgroße Metallplatten in den Schädel einsetzen musste. Das alles wäre ja wenigstens tragisch und schon fast interessant. Nein, meine Tante Becky hat eine Glatze, weil sie eine Nonne ist – eine waschechte Zen-Nonne –, und sag jetzt nicht, das ist doch interessant, weil das nämlich schon fast tragisch wäre.

Aber noch mal zum Wasser. Es steht jetzt eindeutig ganz oben auf meiner Hassliste. Und zwar Wasser wie dieser Regen, der in Strömen runterrauscht, seit wir auf dem Kanu-Trip sind. Oder wie dieser Fluss, auf den er runterrauscht, sodass wir genauso gut unter Wasser sein könnten, so viel ist da überall.

Alles, was ich dabeihabe, ist klatschnass. Total. Meine Nikes quietschen beim Gehen, mein MP3-Player hat am ersten Tag wegen chronischer Feuchtigkeit den Geist aufgegeben, und Sachen trocknen kann man vergessen – es ist, als ob man eine Wäscheleine im Regenwald spannt. Der Fluss hat die ganze Zeit lauter kleine Pockennarben von den Tropfen, und wenn der Nebel kommt, sieht man kaum die Hand vor Augen. Was ziemlich lästig ist, weil dieser blöde Fluss sich dahinwindet wie eine Schlange und man nie weiß, wann er sich umdreht und einen beißt.

Der Raquette River heißt so nach einem französischen Trapper, der einer der ersten Weißen war, die den Indianern hier oben im Staat New York ihr Land abgegaunert haben, und warum man einen Fluss nach diesem Kerl benannt hat, kapiere ich echt nicht. Na, jedenfalls, das spricht sich Rakett aus, nur ich spreche es Räcket aus, wie das Wort »racket«, das so viel heißt wie: fiese erpresserische Machenschaften von Verbrecherbanden. Und genau das ist dieser ganze Kanu-Trip, eine fiese erpresserische Machenschaft von meiner Mutter und Tante Becky.

Meine Mutter hat mich nämlich gezwungen. Sonst wäre ich jetzt nicht hier. Glaub mir. Zu Dads Ehrenrettung muss man sagen, dass er sich da rausgehalten hat. Er hat nur gesagt, wenn ich mich dafür entscheide, mitzugehen, müssen wir den Hund mitnehmen. Und sein superschickes Handy, das von überall aus funktioniert. Also stand ich vor der Wahl, entweder fünf Tage mit Lobo und Tante Becky den Räcket River runterzupaddeln, oder die ganze Zeit in meinem unklimatisierten Zimmer zu hocken, weil meine Mutter einen regelrechten Nervenzusammenbruch hatte, als ich mein Zeugnis mit nach Hause brachte und meine Noten ganz schön mies waren. Ich meine, echt unterirdisch. Kein Witz.

Also dachte ich, was soll's, dann geh ich eben mit. Aber wenn sie oder Tante Becky glaubt, dass es mir Spaß machen wird, dann haben sie sich geschnitten. Oder wenn der Sinn der Übung sein soll, dass ich zur Vernunft komme und einsehe, was es doch für ein tolles Erlebnis ist, ein menschlicher Schwamm zu sein, wo ich mir nur wünsche, ich wäre irgendwo, wo ich mit meinen Freundinnen rumhängen könnte. Tja, dann können sie auch das vergessen.

Ist irgendwie komisch, dass ich diesen Fluss so hasse, wo ich doch nach einem Fluss heiße. Ich meine, alle nennen mich Shannon, womit ich ja beinah leben kann und was allemal besser ist als Shenandoah, der Name von diesem Fluss im hinterletzten Virginia, nach dem mich meine Eltern genannt haben. Ich kam nämlich in ihrer Indianerphase zur Welt, bevor sie zum Judentum zurückfanden, und Ewigkeiten bevor sie beschlossen Buddhisten zu werden. Was sie jetzt angeblich sind.

Shenandoah heißt auf Indianisch »Tochter der Sterne«, aber fall da bloß nicht drauf rein. Sie haben mich nicht nach den Sternlein am Himmelszelt genannt, glaub doch das nicht. Sie haben mich nach sich selbst genannt, meine Eltern – sie sind die Sterne, deren Tochter ich sein soll. Weil sie so erleuchtet sind oder so kosmisch oder was. Das ist echt zum Kotzen.

Ich meine, wenn sie so erleuchtet sind, warum können sie sich dann nicht mal entscheiden, welcher Religion sie angehören wollen? Verstehst du, früher haben wir an Gott geglaubt und jetzt ist nie mehr die Rede von ihm, also, ich meine, kannst du mir das erklären? Und wie kommt's, dass meine Mutter tagelang auf ihrem Bett liegt und mein Vater immer auf dem Absprung in irgendein Retreat ist, um seinen kosmischen Kopf klar zu kriegen? Und wie kommt's, dass ich eine Schwester

9

habe, die ich nie kennengelernt habe, die tot zur Welt kam und begraben wurde, als Nancy Arlene, so ein hübscher normaler Name, mit dem sie nie leben durfte, während ich dieses Shenandoah am Hals habe?

Aber reden wir nicht von meiner Familie, okay? Die ist mein kleinstes Problem. Glaub mir.

Ich meine, da ist die Schule. Die ist zwar weniger ein Problem als einfach nur nervig. Das einzige Problem, das ich mit der Schule habe, ist, dass ich jeden Tag hinmuss. Kann mir bitte mal jemand sagen, warum? Ist doch nicht so, dass ich da je was Nützliches lernen würde. Und ich hab zwar nicht so viele Freunde, aber die, die ich habe – die sind auch ein Problem. Denn das, was mir echt zu schaffen macht, kann ich mit denen auch nicht besprechen.

Also, mein wahres Problem ist: Ich bin mir nicht sicher, ob ich überhaupt existiere. Ich meine, woher soll man das wissen? Darüber kann man nicht einfach mit irgendwem reden, weil einen die Leute nur anstarren, als ob man bescheuert wäre oder so . Oder sie gucken durch einen durch, was irgendwie mein Problem nur noch schlimmer macht. Aber ehrlich, manchmal frag ich mich das echt.

Klar, ich gucke in den Spiegel und sehe, dass ich da bin. Und, okay, ich weiß, die Leute reden mit mir, also muss da ja was sein, dem sie antworten können, aber vielleicht hoffen sie ja nur, dass das heißt, sie existieren.

Klar, ich höre Sachen und fühle Sachen und denke, okay, das war das Telefon, das geklingelt hat, oder dieser Ofen ist heiß. Aber das ist ja nur das, was mir meine Ohren und Finger sagen, also, ich meine, woher weiß ich, was wirklich stimmt? Manchmal ist da diese schreckliche Unsicherheit und ich weiß nicht, was ich damit machen soll. Also decke ich sie damit zu, dass ich vor mich hin träume oder so tue, als würde ich Zukunftspläne schmieden wie meine Freundinnen, denn selbst wenn ich jetzt nicht existiere, dann ja vielleicht eines Tages. Aber nichts davon macht mich wirklich an. Ich bin nicht scharf drauf, Star zu werden oder das Geheimnis gesunden Alterns zu entdecken oder auch nur eine Horde Kinder zu kriegen, die vielleicht auch gar nicht existieren.

Mein Dad sagt immer: »Mach dir nichts draus, Shannon. Du bist doch erst fünfzehn. Du wirst dich schon noch finden.« Aber das Problem ist, dass ich gar nicht wirklich suche. Manchmal denke ich, meine Schwester hat es richtig gemacht. Einfach nur geboren werden und sterben und den ganzen verwirrenden Kram dazwischen überspringen.

Noch was total Peinliches an meiner Tante ist, dass sie immer singt. Ich meine, überall. Und jederzeit. Und jodeln kann sie auch. Ohne Scheiß. Oder sie erfindet diese blöden Verse. Zum Beispiel dieses eine Teil, das sie auf Schritt und Tritt vor sich hin rappt: »Was würde wohl der Buddha an meiner Stelle tun? Oder an deiner?« Voll bescheuert.

Ach, ja, da ist noch was an meiner Tante, was ich vielleicht erwähnen sollte: Sie hat nur eine Hand. Na ja, okay, sie hat zwei Hände, aber nur fünfeinhalb Finger. Ihre linke Hand besteht nur aus dem Handteller, der da, wo die Finger rauskommen müssten, so nach innen eingeschlagen ist, mit einem kleinen, aber nützlichen Daumenstummel. Sie kam schon so zur Welt, deshalb fällt es in unserer Familie keinem mehr auf. Und was sie damit alles kann, zum Beispiel ein Paddel halten oder einen Knoten machen oder ein Feuerzeug anzünden, indem sie's zwischen den Stummeldaumen und die unvollständige Hand klemmt.

Meistens versteckt Tante Becky ihre Hand. Sie sagt, die bringt die Leute nur in Verlegenheit, und darauf legt sie's nicht an. Was ein ziemlicher Witz ist, weil ich echt nicht weiß, was die Leute mehr in Verlegenheit bringt, ihre komische Hand oder ihre Glatze. Aber jedenfalls, sie lässt sie meistens in der Hosentasche – die Hand, meine ich, nicht

11

die Glatze – und niemand weiß, dass sie da ist oder vielmehr nicht da ist, bis sie sie aus irgendeinem Grund rausziehen muss.

Zum Beispiel, als wir in dem Laden waren, in dem kleinen Ort am See, wo wir das Kanu abgeholt haben, da musste sie unsere Camping-Vorräte bezahlen und anderthalb Hände sind nun mal schneller als eine. Hinterm Ladentisch stand dieser hagere, alte Hinterwäldler, und als er ihre Hand sah, kriegte er einen stieren Blick und brach sich total einen ab, sie nur ja zu ignorieren, und überschlug sich dann fast vor Hilfsbereitschaft, als es drum ging, unser Zeug in das Kanu zu verfrachten. Es regnete schon die ganze Zeit, seit wir in den Catskills abgefahren waren, aber hier oben in den Adirondacks ließ es etwas nach, nur noch kleine Silbernadeln, die den grauen Long Lake zerpiksten.

»Werdet ihr denn klarkommen, Mädels?«, fragte der Alte mit seinem Hinterwäldlerakzent und passte total auf, dass er den Blick von Tante Beckys Hand und sich selbst von Lobo fernhielt.

»Wenn's nur bald aufhört mit Regnen, bestimmt.« Also echt, meine Tante ist so eine Schleimerin, sie redete schon wie er.

»Hm.« Er kratzte sich am Kopf. »Ich würd den lieben Gott drum bitten, wenn ich Sie wär.«

»Mache ich«, antwortete sie. »Danke für Ihre Hilfe.«

Er ging weg und sie drehte sich grinsend zu mir um. »Armer Kerl. Der wusste gar nicht, wo nicht hingucken. Auf meinen Kopf oder auf meine Hand.«

»Heuchlerin«, murmelte ich.

»Bitte?«

»Seit wann bittest du den lieben Gott um irgendwas?«

»Ich würde ihn bitten, deine Laune zu bessern, wenn ich glauben würde, dass es was nützt«, antwortete sie.

»Ich wollte nicht hierher.«

»Du hattest die Wahl.«

»Tolle Wahl«, knurrte ich.

Sie seufzte. »Shannon, ich habe drei Wochen freie Zeit im Jahr. Das hier ist eine davon. Wenn du nach Hause willst, sag es jetzt. Bevor wir in dieses Boot steigen.«

Statt einer Antwort setzte ich meinen Kopfhörer auf und ließ mich vorn ins Kanu fallen, dass es fast umkippte. Ich wollte nicht hier sein, aber ich wollte auch nicht zu Hause sein, und eine andere Möglichkeit hatte ich nicht.

Lobo stieg hinter mir ins Kanu, leckte mir den Nacken und wischte mir den Kopfhörer vom Kopf. »Lass mich in Ruhe«, knurrte ich und schubste ihn weg.

»Auf geht's!«, sagte Tante Becky, stützte das Paddel mit ihrer halben Hand ab und tauchte es mit der anderen ins Wasser. »Das wird toll!«

Geschlagene vier Stunden hat es uns gekostet, den Long Lake zu überqueren. Jetzt sind wir schon fast den ganzen Tag auf diesem Fluss und haben noch keine Menschenseele gesehen. Ich meine, hier ist echt niemand. Aber klar, nur eine Verrückte wie meine Tante wagt sich bei dem Wetter nach draußen. Der Nebel ist so dicht, da könnte ein anderes Kanu direkt an uns vorbeifahren und wir würden's nicht merken. Ist auch nicht so, dass es totenstill wär, denn selbst jetzt, wo Tante Becky – Gott sei Dank – mit der Singerei aufgehört hat, macht doch der Regen seinen eigenen Lärm, und sobald der mal aufhört, und wenn's nur für eine Sekunde ist, fangen die Insekten in den Bäumen an beiden Ufern an zu surren. Und die Paddel knallen gegen das Kanu oder klatschen ins Wasser. Meins jedenfalls.

Übrigens, das Kanufahren kannst du auch auf meine Hassliste setzen. Mir tun jetzt schon die Arme weh und ich hab Blasen an den Händen vom Paddeln. Tante Becky sitzt hinten und hält das Kanu auf Kurs. Sie manövriert es durch die Schleifen, diese Schlängelkurven, die der Fluss da macht, wo er zusammenschnurrt wie Stoff über einem Gummi-

13

band und wo die Fahrrinne so schmal ist, dass nicht mehr als ein Boot durchpasst.

Ich brauche nichts weiter zu tun als mein Paddel durchs Wasser zu ziehen. Manchmal schreit Tante Becky irgendwelche Kommandos, wenn wir um Felsen oder Baumstämme herumkommen müssen, ohne hängen zu bleiben. »Links paddeln! Rückwärts paddeln! Feste paddeln!« Sie hat mir gezeigt, wie ich das Paddel drehen muss, um das Boot abzubremsen oder sogar die Richtung zu ändern, wenn es sein muss.

Aber eigentlich ist es immer das Gleiche. Paddel ins Wasser stechen, durchziehen, anheben und wieder von vorn. Und wieder. Und wieder. Wenn du wissen willst, was langweilig heißt, dann probier's mal mit Kanufahren. Das ist die Hölle. Echt.

Unter uns gesagt, Tante Becky steht nicht wirklich auf meiner Hassliste. Und sie ist auch keine ältere Frau, sondern mehr so Anfang dreißig. Aber dieses Nonnending ist trotzdem ganz schön schräg.

In der zweiten Nacht zum Beispiel, da bricht dieses Mordsgewitter los. Also voll der Weltuntergang. Überall um uns rum Blitze, diese riesigen, zuckenden Adern aus blauem Licht, und der Donner ist so laut und nah wie direkt im Zelt. Und man hört Bäume knacken und runterkrachen. Und wir hocken unter dem bisschen Nylon und warten auf den, der auf uns runterkracht. Ich kann dir sagen, das ist ganz schön horrormäßig. Tante Becky hat auch Schiss, selbst wenn sie's nicht sagt.

Wir horchen, wie das Gewitter immer näher und näher kommt. Bei jedem Blitz ist es im Zelt ganz hell und wir sehen aus wie zwei schlaffe Raupen, wie wir da in unseren Schlafsäcken stecken und bei jedem Donnerschlag zusammenzucken. Und Lobo liegt einfach nur da, die Pfoten über der Schnauze, und zittert. Er ist so ein großer Deutscher

15

Schäferhund, der fast wie ein Wolf aussieht, aber er hat so viel Chuzpe wie Rotkäppchen. Das totale Weichei. Echt.

Ich setze meine Kopfhörer auf, um den Donner abzublocken, aber der MP3-Player tut schon nicht mehr, und außerdem triefen die Schaumstoffpolster. Das ganze Ding ist ein einziger Jammer. Echt.

Also sag ich zu Tante Becky: »Wow, danke, dass ich mitdurfte, um hier zu verbrutzeln.«

»Gern geschehen.«

»Und erinnere mich dran, meiner Mutter eine Karte zu schicken und mich auch bei ihr zu bedanken.«

Meine Tante hat diese unglaublich blauen Augen, so hell wie Eiszapfen, und ich sehe ihre Augen jetzt glitzern, sogar im Dunkeln zwischen den Blitzen. Es würde mich nicht überraschen, wenn sie die Postkarte schon mal im Geist formulieren würde. Tante Becky gilt ja als kreativ. Früher hat sie geschrieben, über die Natur und übers Campen und all diesen Mist – Sachen, die sogar veröffentlicht wurden –, bevor sie dann Nonne wurde und alles aufgegeben hat.

Jetzt kriecht sie aus ihrem Schlafsack und setzt sich drauf, in so einer Art Schneidersitz. Sie richtet sich ganz gerade auf und legt die Hände so in den Schoß, dass der richtige Daumen und der kurze sich berühren und das Ganze ein Oval bildet, wie ein offenes Fischmaul.

»Na, toll«, sage ich. »Der perfekte Moment zum Meditieren. Ist ja so still hier …«

Ein Donnerschlag übertönt mich. Tante Becky macht die Augen zu. Es blitzt schnell hintereinander und sie sieht aus wie jemand in einem alten Film. Du weißt schon, als die Filme noch schwarz-weiß waren und die Bilder so langsam und ruckartig durchliefen, dass die Leute diese spastischen Bewegungen hatten. Nur dass Tante Becky sich nicht bewegt, also ist es mehr so ein Film über nichts. Oder so, als ob sie im Zentrum des Nichts wäre und nur um sie herum sich Sachen bewegen.

Wasserbäche, die außen am Zelt runterlaufen, verändern in dem Geflacker ihre Form wie ein verrücktes Kaleidoskop.

»Du würdest einen guten Blitzableiter abgeben«, murmle ich.

Ein Blitz erhellt ihren rasierten Schädel. Da sprießen schon wieder Härchen, kurze Borsten, so ähnlich wie auf Klettband. Ich weiß gar nicht mehr richtig, wie Tante Becky mit Haaren aussieht. Sie hatte so tolles, glänzend braunes Haar, aber das Komische ist, sie ist immer noch hübsch, auch ohne. Sie ist rundlich, mit dieser ganz weißen Haut, und wenn sie lächelt, ist das ansteckend, wie wenn plötzlich die Sonne durchbricht.

Wieder erschüttert ein Donnerknall das ganze Zelt. Tante Becky zuckt mit keiner Wimper. Das Einzige, was sich bewegt, ist ihr ein- und ausströmender Atem. Jemand anders würde das wahrscheinlich gar nicht bemerken, aber ich bin dran gewöhnt, dass Leute »Zazen« machen, diese buddhistische Meditation. Ich hab's sogar selbst ein paar Mal probiert, aber als meine Mutter mich dazu gedrängt hat, hab ich mich total quergestellt. Es hilft ja auch nicht gegen ihre Depressionen, also bitte, lasst mich damit in Ruhe.

Die letzten paar Jahre, bevor sie Nonne wurde, lebte Tante Becky immer mal wieder eine Zeit lang in diesem Zen-Kloster, etwa fünf Meilen von Boiceville, dem Kaff in den Catskills, wo wir wohnen. Einmal, als sie zwischen ihren Klosterphasen bei uns war, da war ich vielleicht sechs oder sieben und kam total geknickt aus der Schule.

Tante Becky ließ sich neben mir aufs Sofa fallen. »Du siehst aus, als wäre irgendwas.«

Ich nickte grimmig. »So ein Junge aus meiner Klasse. Der hat gesagt, Gott mag keine Buddhas.«

»Hmm.« Meine Tante schob die Lippen vor. »Klingt nicht nach dem Gott, den ich kenne.«

Ich runzelte die Stirn. »Ich dachte, wir glauben nicht mehr an Gott.«

17

»Shannon, du kannst glauben, woran du willst. Niemand sagt, du darfst nicht mehr an Gott glauben.«

»Aber ist Buddha denn Gott?«

»Weißt du, was Buddha bedeutet?«

Als ich den Kopf schüttelte, sagte sie: »Buddha heißt ›der Erwachte‹. Und der Mann, den wir den Buddha nennen, der war ein Lehrer. Und seine Lehre war, dass jeder erwachen kann. Und alles, was man wissen muss, um es zu tun, ist schon in einem drin.«

Ich seufzte. »Ich weiß nur, dass es doof ist, der einzige Buddha in meiner Klasse zu sein.«

Tante Becky musterte mich. »Shannon, jedes Kind in deiner Klasse ist ein Buddha.«

Meine Eltern haben einen Extra-Raum zum Meditieren und ab und zu geh ich dort rein und gucke mir die Buddha-Statue auf ihrem Altar an. Man kann fast nicht erkennen, ob es ein Mann oder eine Frau ist, aber die Gestalt hat ein sanftes, träumerisches Gesicht und eine supergute Haltung. In der Schule versuchte ich mir alle Kinder aus meiner Klasse mit diesem Gesicht vorzustellen, sogar den Blödmann, der gesagt hatte, Gott würde Buddhas dissen. Buddhas beim Buchstabieren, dachte ich dann.

Meine Mutter mag ja auch ein Buddha sein, aber sie rastete total aus, als meine Tante beschloss Nonne zu werden. Echt wahr. Sie blieb drei volle Tage auf ihrem Zimmer. Ich war damals elf und saß mit ihnen zusammen in der Küche, als Tante Becky die Neuigkeit verkündete.

»Warum willst du so was tun?«, fragte meine Mutter.

»Ich will es nicht tun«, antwortete meine Tante. »Ich muss es tun.

Meine Mutter schüttelte den Kopf. »Oy. Wenn unser litauischer ›Zaidie‹ dich jetzt sehen könnte.«

Tante Becky runzelte die Stirn genau wie er. »Er würde sagen, ›Sie war noch nie ein Rockefeller‹.«

Sie lachten und einen Moment lang waren ihre Gesichter wie Spiegelbilder, beide so strahlend. Tante Becky nahm die Hände meiner Mutter. »Sandy, es ist das, was mir am sinnvollsten erscheint. Für mein Leben.«

»Ach, es ist sinnvoll, dein Leben diesem Kloster zu widmen? Entschuldige, Rebecca, aber das ist wie Gefängnis.«

Sie seufzte. »Tut mir leid, dass es dir so vorkommt. Für mich fühlt es sich an wie Freiheit.«

Meine Mutter stöhnte: »Wir werden dich nie mehr sehen. Shannon wird ohne ihre Tante aufwachsen. Wie kannst du ihr das antun?«

Tante Becky strich mir übers Haar. »Ich gehe ja nicht weg.«

Meine Mutter sah sie stirnrunzelnd an. »Und ich dachte, du wärst die Normale.«

Was ja, wenn man's bedenkt, ziemlich komisch ist – so was zu Tante Becky zu sagen. Ich meine, ich hasse es, mit meiner Mutter über irgendwas einer Meinung zu sein, aber ich muss sagen, mir ging's genauso. Verstehst du, meine Mutter ist nun mal ein Trauerkloß, aber Tante Becky konnte echt cool sein. Als sie noch Haare hatte, lackierte sie sich immer die Zehennägel in lauter verschiedenen Farben und schrieb Limericks in großen Kreidebuchstaben auf die Straße. Die Leute sagten immer, Tante Becky würde mal reich und berühmt werden. Aber jetzt gab sie ihre Möbel weg, verkaufte ihr Auto und überließ uns ihre Katze.

Es dauerte noch ein paar Jahre, bis Tante Becky wirklich Nonne wurde und den neuen Namen »Tasshu« kriegte. Das ist japanisch für »Alldurchdringend«, was auch immer das bedeutet. Ich nenne sie immer noch Tante Becky und es juckt mich nicht mehr, ob sie normal ist oder nicht. Ihr Leben erscheint mir so sinnvoll wie sonst was, wobei das nicht viel heißt.

Vor allem jetzt, in diesem Moment, wo das Unwetter auf uns runterkracht. Und wo das Einzige, was ich wirklich will, ist, dass Tante Becky aufhört zu meditieren und mich in die Arme nimmt, nur dass ich zu feige bin, sie drum zu bitten. Also tu ich das Einzige, was mir einfällt. Ich kuschle mich an Lobo und versuche in Tante Beckys Rhythmus mitzuatmen. Mein Magen ist ganz flattrig und mein Atem stolperig, aber ich zwinge mich weiterzumachen, denn wenn ich einfach nur so daliege, dreh ich echt durch.

Und kurz bevor ich einschlafe, geht mir plötzlich was über Tante Becky auf: Auf diesem ganzen Trip hat sie mir noch keine einzige Frage gestellt. Kein »Und was willst du machen, Shannon?« oder »Hast du Hunger?« oder auch nur »Was hast du denn?«. Sie macht einfach ihr Ding, was immer das ist – Zelt aufstellen oder Feuer machen oder Flusswasser zum Trinken filtern –, und ich kann mithelfen. Oder nicht. Und meistens tu ich's nicht, denn selbst wenn es meine Entscheidung war, auf diesen Kanu-Trip mitzukommen, muss es mir noch lange nicht gefallen.

Und am allerwenigsten gefällt es mir, wenn ich langsam von innen nach außen verschimmle und ein Mordsgewitter meine sämtlichen Knochen durchschüttelt und der einzige Mensch im Umkreis von Meilen dasitzt wie eine Statue in einem Film in einem Traum, aus dem ich nicht aufwachen kann.

Am Tag nach dem großen Unwetter kommt die Sonne raus. Endlich. Im Lauf der Nacht hat der Wind die Wolken weggefegt und jetzt sengt die Sonne ein Loch in den Nebel und zum ersten Mal sehen wir, was zwanzig Meter vor uns und hinter uns ist.

Alles dampft. Wir auch. Dampf steigt aus Lobos Fell und aus Tante Beckys Poncho und sogar aus meiner Yankees-Kappe, und es sieht aus, als ob wir qualmen, wie Papier, bevor es in Flammen aufgeht. Schicht für Schicht pellen wir uns aus dem Regenzeug und den Sweatshirts, bis wir nur noch in Jeans und T-Shirt dasitzen. Die warme Luft an meinen Armen ist der reinste Schock. Ehrlich.

Das Einzige, was ich nicht ausziehe, ist das, was Tante Becky mein Survival-Pack nennt. Und sie hat gesagt, das darf ich nie ausziehen, nicht mal zum Schlafen. Im Grunde ist es nur eine Gürteltasche mit dem Zeug, von dem man glaubt, dass man es unbedingt braucht, falls man sich verirrt oder ganz allein irgendwo in der Wildnis strandet. Also, daran will ich nicht mal denken. Als ob mein schlimmster Albtraum wahr werden könnte und Tante Becky verlangt, dass ich mich dafür passend anziehe. Sie hat trockene Streichhölzer, Angelhaken und Angelschnur in ihrem Pack und noch so eine Rettungsdecke, die aussieht wie Alufolie. Mein Survival-Pack enthält zwei extra Akkus für meinen MP3-Player, drei Kiwi-Kaubonbons und ein Bild von meinem Lieblingsschauspieler Ryan Gosling. Damit müsste ich alles überstehen.

Aber im Moment denke ich echt nicht an so was, weil sich der Nebel in Fetzen verzieht und das Licht, das zwischen den Fetzen durchkommt, überall diese Regenbogenteile macht. Große und kleine, Bruchstücke von Farben, die in der Luft schweben. Äste, die der Regen runtergedrückt hat, richten sich wieder auf, und auf den Blättern bricht sich das Licht wie in Prismen.

Wir kommen an einer Reihe Schildkröten vorbei, die auf einem verrotteten Baumstamm sitzen wie glänzend grüne Schüsseln. Sie gleiten ohne den kleinsten Platsch ins Wasser. Unterm Kanu ist das Wasser flach und die Schildkröten werfen runde Schatten auf die Finger aus Sonnenlicht, die auf dem Grund winken.

Wir könnten in so einem kitschigen Walt-Disney-Technicolor-Film sein, ehrlich, nur dass das hier wirklich ist. Und selbst wenn nicht, ist es trotzdem der absolute Wahnsinn. Ich meine, so was könnte ich mir nicht ausdenken. Nie.

So wie dieser Biber – der erste, den ich überhaupt sehe –, der aus dem Wasser auf einen Stein klettert, um sich trocken zu schütteln, und ich kann sehen, wie dick sein Fell ist und wie verfilzt. Und er hat diese orangefarbenen Nagezähne und diesen krassen Schwanz, so flach wie ein Ruder. Er setzt sich drauf wie auf einen Schemel und fängt an sich den Körper zu reiben, als ob er sich wäscht.

»Hi, Alter«, sag ich zu ihm.

»Weißt du, was er da macht?«, fragt Tante Becky. »Er macht sein Fell Wasser abstoßend, mit Öl, das sein Körper produziert.«

»Geniale Erfindung«, sage ich und meine Tante lacht. »Davon könnten wir auch was gebrauchen.«

»Ich nicht, besten Dank«, erwidert sie. »Ganz schön stinkig, das Zeug.«

Ein Stück weiter steht eine dicke Ricke am Wasser und trinkt. Als wir vorbeigleiten, hebt sie den Kopf und guckt uns neugierig an: Was macht ihr denn hier? Und irgendwie frag ich mich das auch. Ihre Ohren sind fast durchsichtig, mit einem roten Netz von Adern.

»Hi, Mütterchen«, ruft Tante Becky ihr zu. »Sie ist ja so was von trächtig, siehst du das? Ich wette, es kann jeden Tag so weit sein.«

Libellen mit Nadelkörpern sitzen wie Kühlerfiguren auf unserem Kanu. Lobo schnappt träge nach ihnen und sie schwirren davon. Das Wasser ist klar und unsere Paddel tauchen geräuschlos ein, machen diese irren kleinen Strudel, die einem alle Gedanken davonwirbeln. Und Tante Becky und ich paddeln jetzt gemeinsam, im Gleichtakt, eine Bewegung, rein, raus. Wir sagen nichts, also sind da nur das Wasser und das Kanu und dieser ganze Wahnsinnsfluss, der zum Leben erwacht, ob wir nun da sind, um es mitzukriegen, oder nicht.

Deshalb ist es wie in einem Traum, als dieses Flachbodenboot mit dem Typ in Tarnklamotten aus dem Nebel auf uns zukommt. Ich meine, das Irre ist, man hört nicht das leiseste Geräusch. Ich jedenfalls nicht. Der Typ fährt mit gesenktem Kopf an uns vorbei und lächelt nicht und winkt nicht und nichts, obwohl Tante Becky »Guten Morgen« ruft.

Und ich hab sofort dieses komische Gefühl. Als ob ich irgendwie froh bin, dass er in die andere Richtung fährt, aber vor allem bin ich froh, dass mein Dad drauf bestanden hat, dass wir Lobo mitnehmen, obwohl er mir immer den Nacken abschleckt. Aber dann verschwindet das Boot hinter uns im Nebel, und es ist, als ob es nie da gewesen wäre.

Als die Sonne direkt über uns steht, ziehen wir das Kanu ans Ufer und essen im Boot Cracker mit Erdnussbutter und Trockenfrüchte. Eine Brautentenfamilie – also, ich weiß nur, dass es Brautenten sind, weil Tante Becky es mir gesagt hat –, aber jedenfalls, der Vater trägt diesen abgefahrenen Federanzug und sie schaukeln alle ganz in unserer Nähe auf dem Wasser und tauchen nach Nahrung.

Tante Becky zieht die Schuhe aus und lässt ihre bloßen Füße in den Fluss baumeln. »Gott, ist ja schon richtig heiß.« Sie wischt sich mit ihrem Kopftuch über den Schädel. »Es gibt ein Plätzchen zum Schwimmen, nur ein paar Biegungen weiter. Da können wir heute unser Zelt aufschlagen, wenn du magst. Direkt am Wasser.«

»Wie du meinst.« Ich kaue noch ein bisschen weiter, bevor ich frage:

»Du findest es hier toll, stimmt's?«

Sie macht eine ausholende Armbewegung. »Was sollte man hier nicht toll finden?«

»Aber ich meine, du stehst immer schon drauf.«

Sie lacht. »Schuldig im Sinne der Anklage. Ist wegen meiner Hand, weißt du? Als ich klein war, haben mich die Menschen manchmal angestarrt und komisch gefunden – aber Tiere? Diesen Enten ist das egal. Den Wolken auch. Für die bin ich okay, so wie ich bin.«

»Ich wusste nicht, dass du so denkst.«

»Heute ist es anders. Aber ohne diese Hand wäre ich vielleicht nie an diesen Fluss gekommen. Und der Fluss hat mich so vieles gelehrt.«

»Zum Beispiel?«

Sie guckt mich von der Seite an. »Das wirst du schon selbst herausfinden.«

Ich runzle die Stirn. »Ich hasse es, wenn du so was sagst.«

»Hör einfach nur hin, Shenandoah. Er spricht zu dir. Du bist nicht umsonst nach einem Fluss genannt worden, weißt du?«

»Verschon mich«, sage ich.

Aber jetzt, wo sie das gesagt hat, kann ich nicht »nicht« hinhören. Verstehst du? Und schließlich, warum auch nicht, was Besseres hab ich ja nicht zu tun.

Also konzentriere ich mich drauf, hinzuhören, wie die Paddel durch das Wasser gleiten. Und ich horche auf die schrillen Schreie der Falken und den Lärm der Zikaden in den Bäumen am vorbeiziehenden Ufer.

Und ich höre zu, wie Tante Becky flucht und stöhnt, als wir an den Lagerplatz kommen, von dem sie gesprochen hat, und sich rausstellt, er ist total vermüllt. So richtig versifft. So mit überall verstreutem Papier und Essen und McDonald's-Bechern und angekokelten Bierdosen und Zigarettenstummeln in der Feuerstelle.

Und als sie wieder von ihrem Anfall runterkommt, guckt meine Tante auf den ganzen Müll und sagt: »Das werde ich an Menschen nie verstehen. Niemals.«

»Das war bestimmt der Typ in dem Boot«, erkläre ich. »Jede Wette. Der war komisch. Voll unheimlich.«

Sie schüttelt den Kopf. »Leben ist Leiden.«

Und ich nehme an, da hat sie recht, weil ich es jetzt nämlich durchleiden muss, dazusitzen und ihr beim Aufräumen zuzugucken. Kommt nicht infrage, dass ich irgendwas von diesem Zeug anfasse. Das ist einfach zu eklig. Ohne mich.

Also horche ich wieder. Und nach einer Weile höre ich das »Platsch!«, als Tante Becky sich ins Wasser wirft und ruft, ich soll auch kommen. Und jetzt, in diesem Moment, horche ich auf das Knacken des Feuers, über dem ich mein Haar trockne, während Tante Becky Spaghetti kocht und die Sonne in einem rosa-lila Fächer untergeht.

Und deshalb bin ich total geschockt, als plötzlich das Handy in Tante Beckys Rucksack klingelt und sie drangeht und es dann mir hinstreckt. »Deine Mom.«

Ich schüttle den Kopf, kommt nicht infrage. Aber sie besteht drauf, also nehme ich's schließlich.

»Was ist?«, frage ich.

»Hallo, Schatz«, flötet meine Mutter. »Ich wollte nur mal deine Stimme hören.«

Und ich kann dir sagen, es ist verrückt, ihre Stimme zu hören. Als ob es schon ewig her wäre, dass wir uns das letzte Mal gesehen haben, weil ich mir vorkomme wie auf einem anderen Planeten. Ich meine, das Einzige, was ich wirklich denken kann, ist, wie dreckig meine Fingernägel sind, obwohl wir doch gerade ewig geschwommen sind. Und noch: Wer ist diese Person überhaupt? Womit ich mich meine. Und: Wer ist diese andere Person, nämlich sie?

Ihre Stimme klingt so blechern, also weiß ich, es geht ihr nicht besonders. Ich seufze. »Wie geht's dir?«

»Gut«, sagt sie und dehnt das Wort bis zum Gehtnichtmehr. »Ich vermisse dich.«

»Hey, hallo? Realitätscheck, Mom. Das hier war deine Idee.«

»Habt ihr Spaß?«

»Na ja.«

»Wie geht's Lobo?«

»Weiß nicht. Frag ihn doch.«

Tante Becky runzelt die Stirn und nimmt mir das Handy weg. »Hi, Sandy. Nein, es geht ihr gut. Uns beiden geht's gut. Ruf in zwei Tagen noch mal an, okay? Bevor wir am Tupper Lake sind. Okay. Pass auf dich auf. Wir haben dich lieb.« Sie legt auf.

»Du könntest wirklich ein bisschen netter zu ihr sein.«

»Sei du doch nett zu ihr, ist doch nicht meine Sache.«

Sie rührt nachdenklich in den Nudeln. »Hier draußen verliert man leicht das Zeitgefühl, also kann ich's dir nicht verdenken, wenn du vergessen hast, was für ein Tag heute ist.«

Da fällt's mir wieder ein und ich schlage die Hände vors Gesicht. Heute ist der Geburtstag meiner Schwester. Oder wäre ihr Geburtstag. So ist Geburtstag ja wohl nicht das richtige Wort dafür. Ich weiß genau, wie sie ausgesehen hätte. Bis hin zu den Sommersprossen auf dem Rücken, wie bei meinem Dad. Groß und sportlich, mit so einer Zahnlücke zwischen den Schneidezähnen. Und Nancy wäre jemand, mit dem ich reden könnte. Ihr könnte ich alles sagen und sie würde es verstehen. Sie wüsste besser als irgendwer sonst, wie es ist, nicht zu existieren.

Okay, stopp jetzt. Ich weiß, was du denkst. Du denkst, mein Verhältnis zu meiner Schwester ist abartig. Irgendwie verrückt. Es macht keinen Sinn. Aber der Punkt ist doch, nichts an meiner Schwester macht Sinn, also was soll's?

Tante Becky rührt immer noch in den Nudeln, als ich schließlich sage: »Es ist so verrückt, jemanden zu vermissen, den man gar nicht kennt.«

Sie schaut auf und lächelt. »Ja, das ist es, oder? Wir alle vermissen Nancy. Es ist schwer, sie gehen zu lassen, wenn man das Gefühl hat, sie war gar nie.«

Sie überlegt kurz. »Ich weiß noch, wie Sandy nach ihrer Beerdigung zu mir gesagt hat: ›Wie kommt's, dass wir in einer Welt voller Wunder leben, aber mir wird keins zuteil?‹ Und dann bist du zur Welt gekommen ...«

»Ja, und ich wette, jedes Mal wenn meine Mutter mich anguckt, wünscht sie sich, ich wäre Nancy.«

»Aber dann wärst du nicht.«

Die Worte durchschießen mich, als ob ich einen Zipfel von etwas sehe, was ich noch nie gesehen habe, durch eine Tür gerade außerhalb meines Gesichtsfelds.

Dieser dämliche kleine Schluchzer rutscht mir raus, aber ich muss sie einfach fragen: »Warum ist das Nancy passiert und nicht mir? Wie kommt das?«

Tante Becky schüttelt den Kopf. »Ich weiß nicht, Shannon. Das ist ein Mysterium.«

Dann sagen wir während des ganzen Essens kein Wort mehr. Und danach geht Tante Becky mit dem Geschirr runter an den Fluss, um es mit Sand zu schrubben. Um mich herum ist alles still. Ich meine, da bewegt sich nichts, höchstens ich. Der Himmel ist stahlgrau, mit roten Wolkenstriemen, die über den Bäumen verblassen, und über dem Wasser, das so klar ist wie ein Spiegel, flitzen schon die Fledermäuse herum.

Fledermäuse gruseln mich. Echt. Ich will nicht zu den Leuten gehören, denen eine Fledermaus das Blut raussaugt. Und wenn mir Tante Becky erklärt hat, dass Fledermäuse das nicht tun, dass sie sogar nützlich sind, weil ohne die Fledermäuse hier, die die Mücken fressen, die Mücken uns fressen würden – das ist mir egal. So viele Fledermäuse hast du in deinem ganzen armseligen Leben noch nicht gesehen. Und wenn man auf die horcht? Hört man nichts. Sie sind einfach nur lautlose Schatten, die überm Wasser ihrem eigenen Echo nachjagen.

Ich gehe runter, dahin, wo Tante Becky kniet. Sie hat ein Geschirrtuch über der Schulter, also nehme ich's mir und fange an abzutrocknen. Sie guckt nicht hoch, sagt nichts.

Und nach einer Weile sage ich zu ihr: »Ähm, ich hab mir gedacht, vielleicht könnte ich, ähm – meine Mutter zurückrufen?«

Tante Becky steht auf und wischt sich die Hände an der Hose ab. Wir bringen das Geschirr wieder zum Lagerplatz. Dann geht sie an ihren Rucksack und holt das Handy raus.

»Gute Idee«, sagt sie und reicht es mir.

Morgens, bevor wir frühstücken, meditiert Tante Becky. Normalerweise bleibe ich in meinem Schlafsack, während sie das macht, aber heute Morgen – frag mich nicht, warum – stehe ich auf und spaziere das Flussufer lang. Tante Becky hat ein Feuer gemacht, und solange ich den Rauch sehen kann, werde ich schon nicht ausflippen und die Panik kriegen oder so. Außerdem ist ja Lobo bei mir, und ich habe mein Survival-Pack, also kann ich immer noch ein Kaubonbon essen und Ryan angucken, wenn es zu heikel wird.

Und das wird es auch prompt. Also, Lobo und ich trotten so dahin, jeder mit seinem eigenen Zeug beschäftigt, und da liegt da plötzlich dieser Haufen Knochen. Kein Witz. Ich weiß nicht, was sonst tun, also schreie ich los.

Und ehe ich mich wieder abregen kann, ist Tante Becky da und ich zeige auf das Skelett und sie fängt an zu lachen. »Ist doch nur ein Reh, Shannon.«

»Nur ein Reh? Hä? Bist du blind. Es ist tot.«

»Ja«, sagt sie. »Na und? Alles stirbt mal. Komm, wir gucken es uns an.«

»Nein. Kommt nicht infrage.«

»Ach, komm! Herrje. Sei doch nicht so ein Hasenfuß. Es beißt nicht.«

»Ha-ha«, sage ich.

Sie fasst meine Hand und zieht mich hin.

Da ist der leere Brustkorb und sogar ein Schädel, mit kompletten Zahnreihen und Löchern, wo die Augen waren. Aber das Komische ist, wenn man einfach hinguckt, ist es echt nicht so besonders schlimm.

Ich meine, versteh mich nicht falsch. Es ist immer noch eklig, aber es ist irgendwie blank und sauber und nicht so schrecklich, wie man meinen könnte.

»Wo ist der Rest?«, frage ich.

»Oh«, antwortet sie. »Andere Tiere haben davon gefressen, Teile weggeschleppt. Und vieles ist einfach verwest und wieder zu Erde geworden.«

»Und so sehe ich auch mal aus, wenn ich tot bin?«

»Na ja, du hast dann wahrscheinlich weniger Zähne.«

»Mal im Ernst. Das ist alles? Ich meine, wo ist sein Leben geblieben?«

Tante Becky lächelt. »Schatz, das ist die Frage, auf die jeder eine Antwort sucht.«

»Ach, ja? Was ist deine Antwort?«

»Meine?« Ich warte, dass sie fertig überlegt hat. »Meine Antwort ist Zazen.«

Ich glaub, ich hör nicht recht. »Hallo, hallo? Erde an Tasshu. Das ist keine Antwort, das ist was, was du machst.«

Sie zuckt die Achseln. »Sorry, Kumpel. Ist die einzige Antwort, die ich habe.«

Ich weiß nur, dass es ein Fehler ist, Lobo in dieser Nacht draußen vor dem Zelt schlafen zu lassen. Ein totaler Riesenfehler. Aber es sieht nicht so aus, als ob es demnächst regnen würde, und Tante Becky meint, dass wir alle besser schlafen, wenn wir mehr Platz haben. Irrtum.

Weil nämlich mitten in der Nacht, als wir beide drinnen im Zelt tief und fest schlafen, Lobo plötzlich aufspringt und bellt wie ein Höllenhund und losrast, in den Wald. Und Tante Becky und ich sind so verpennt, dass wir verdattert dasitzen und uns ein, zwei Sekunden blöde anstarren.

Tante Becky reibt sich das Gesicht. »Verflixter Hund! Ich hasse es, wenn er das tut.« Sie zieht den Zeltreißverschluss auf und schlüpft in ihre Stiefel.

»Wo willst du hin?«, frage ich.

»Ihn suchen.« Sie greift nach einer Taschenlampe. »Halt die Stellung. Ich bin bald wieder da.«

Ich gucke raus. Es ist immer noch dunkel und ein bleicher Halbmond hängt überm Wasser wie eine Tasse mit abgeschlagenem Henkel.

»Uuuh!«, sag ich. »Du lässt mich hier nicht allein.« Ich fummle meine Stiefel an und renne hinter dem Lichtstrahl her, der durch den Wald wackelt.

»Lobo!«, ruft Tante Becky. »Lo-bo!«

Ich bleibe so dicht an meiner Tante dran, wie es meine Körperkräfte zulassen. Und vielleicht schlafe ich ja noch halb, aber ich könnte schwören, dass diese Bäume lebendig sind. Das heißt, ich weiß, dass sie lebendig sind, aber ich meine lebendige Wesen mit Augen. Als ob sie wüssten, dass wir hier sind, und sich für uns interessierten. Sie sind mit diesem Silberschimmer übergossen, deshalb sind da Gesichter in der Baumrinde, und ich bin mir neunundneunzigprozentig sicher, wenn ich einen von ihnen ansprechen würde, würde er antworten.

Tante Becky neigt den Kopf und horcht. »Hörst du das? Da ist er. Lobo!«

Sie marschiert los, in die Richtung, aus der das Geräusch kommt, und als wir ihn schließlich sehen, steht er unter einer Kiefer und bellt und bellt. Tante Becky leuchtet den Stamm rauf und dort oben im Baum sitzt dieser riesige schwarze Bär. Ein richtiges Monster.

»Armer Kerl«, sagt meine Tante leise. »Kommt nachts an den Fluss runter, um zu trinken, und Lobo kriegt Wind davon.«

Und ich starre das Vieh nur an, weil ich einfach nicht glauben kann, was ich da sehe. Als ob er unmöglich echt sein könnte. Ich meine, Bären sind was, was es in Märchen gibt. Oder im Zoo, verstehst du?

Aber der hier ist wild und dick und fett und glänzend und guckt auf uns runter, mit diesen Augen, die selbst im trüben Licht der Taschenlampe noch was Fragendes haben. Und ich frage mich, wie wir für ihn aussehen und ob er wohl weiß, wie schön er ist, und wo er hingehen wird, wenn wir wieder weg sind und er von dem Baum runterkommt.

Tante Becky schlingt ihren Gürtel wie eine Leine um Lobos Halsband und dann gehen wir alle drei. Und als wir wieder an den Lagerplatz kommen, ist der Mond nur noch eine Scherbe über den Bäumen und der Himmel wird schon heller.

Tante Becky macht Feuer und Kaffee und dann meditiert sie. Ich gehe runter ans Ufer und schmeiße Kiesel ins Wasser, beobachte, wie sich die Wellenringe verlaufen. Zwei Seetaucher fliegen vorbei und ihr Gelächter geht mir durch und durch, und da ist dieser eine Stern, der auf alles runterfunkelt.

Als Tante Becky fertig meditiert hat, kommt sie mit ihrer Kaffeetasse und setzt sich neben mir in den Sand. Ich schmeiße noch ein paar Kiesel und frage sie dann: »Hast du Gott schon mal vermisst?«

»Ich vermisse mein Haar«, erwidert sie und legt den Arm um mich.

»Verarsch mich nicht.«

»Ich schwör's. Mein Haar und Sushi. Die beiden Dinge, die ich am meisten vermisse. Aber entschuldige, was hast du gesagt? Irgendwas mit Gott.«

Ich zucke die Achseln. »Weiß nicht. Vergiss es.«

»Nein, komm schon, Shannon. Kneifen gilt nicht.«

Ich werfe noch einen Stein. »Na ja, ich denke, das ist irgendwie so ähnlich wie mit Nancy. Wie kann man was vermissen, wenn man gar nicht weiß, was es ist?«

»Das ist eine gute Frage: ›Was ist Gott?‹«, sinniert sie. »Weißt du, für mich ist das dieselbe Frage wie ›Was ist Wirklichkeit?‹. Oder ›Wer bin ich?‹. Alles ein und dieselbe Frage.«

»Ach, und ich schätze mal, jetzt sagst du gleich, dass Zazen auch darauf die Antwort ist.«

Sie lacht. »Okay, ich sag's nicht.«

Sie trinkt von ihrem Kaffee und betrachtet den Himmel. »Siehst du den Stern dort drüben, den hellen? Weißt du, welcher das ist? Das ist die Venus, der Morgenstern. Das war's, was der Buddha sah, als er erwachte. Er hatte stundenlang meditiert, und als er schließlich die Augen aufmachte und diesen Stern sah, sagte er: ›Ist das nicht großartig? Ist das nicht wunderbar? Alle Dinge und ich haben gemeinsam den Weg eingeschlagen.‹«

»Übersetzung bitte.«

»Er meinte, dass alles vollkommen ist, wie es ist.«

»Wie bitte? Hast du nicht gesagt, ›Leben ist Leiden‹?«

Sie nickt. »Ja, sicher, wir leiden, wenn wir die Vollkommenheit nicht erkennen. Die Vollständigkeit. Aller Dinge. Du, ich, Nancy, Gott – vollkommen und vollständig, nichts fehlt.«

Und da fährt plötzlich auf der anderen Flussseite der Typ mit dem Flachbodenboot vorbei, immer noch mit gesenktem Kopf, ohne nach rechts oder links zu gucken und die Hand an der Pinne vom Außenbordmotor.

»Selbst der?«, frage ich Tante Becky.

»Selbst der«, antwortet sie.

Aber wenn alles so vollkommen und vollständig ist, wieso fängt es dann nach einem Tag wieder an zu regnen? In der Nacht prasselt es auf unser Zelt runter und am Morgen ist der Fluss dick voll mit Nebel. Wir haben noch einen Tag bis zum Tupper Lake, wo uns mein Dad auflesen wird, um uns nach Hause zu bringen.

Als wir das Kanu zu Wasser lassen, ist der Regen ein bisschen schwächer geworden, also zwängen wir uns durch diese Nebelwand flussabwärts. Dann gleiten wir durch eine Schleife, lassen uns einfach treiben. Die meiste Zeit paddeln wir nicht mal, außer um die Kurven.

Den Insekten hier ist es gleich, ob es regnet oder nicht, sie haben sich so viel zu sagen, dass ich das Dröhnen da vor uns gar nicht höre. Zuerst ist es leise, wie Mückengesumme, aber dann wird es eindeutig immer lauter.

»Was ist das?«, rufe ich über meine Schulter.

Tante Becky kneift die Augen zusammen und horcht und schreit dann plötzlich: »Feste paddeln, Shannon! Links! Los!«

Ich tue, was sie sagt, und das Kanu zieht zum Ufer rüber. Der Fluss ist hier nicht breiter als ein Auto. Wir gleiten unter einen überhängenden Baum, ducken uns, um ihn nicht an den Kopf zu kriegen. Tante Becky zieht uns mit ihrem Paddel so dicht wie möglich ans Ufer ran. Das Dröhnen ist jetzt echt laut, unüberhörbar, und es ist total nah, also brüllt Tante Becky los, um das, was da kommt, zu warnen. Aber das ist Quatsch, ich meine vergeblich, weil sie eh keiner hören kann.

Und dann kommt plötzlich dieses Flachbodenboot aus dem Nebel, und obwohl es jetzt flussaufwärts fährt, ist es viel zu schnell für die Flussbiegungen. Und der Typ sieht uns immer noch nicht, und so wie sein Boot die Biegung nimmt, kommt es genau auf uns zu. Stockvoll.

Tante Becky fuchtelt mit den Armen und ich jetzt auch, und wir schreien beide, was die Lungen hergeben, und im allerletzten Moment reißt der Typ die Pinne rum und kommt ganz knapp – um Zentimeter – an unserem Kanu vorbei. Sein Boot kracht neben uns ans Ufer, und er fliegt vornüber, genau auf den Kopf.

Das Kanu schaukelt bedrohlich, und Lobo knurrt und versucht mit seinen Krallen auf dem Metall Halt zu finden, und Wasser schwappt ins Kanu und über unsere Rucksäcke und alles. Und dieser Typ ist unmöglich. Total ausgerastet. Echt nicht ganz dicht. Er rappelt sich hoch, setzt das Boot zurück, wobei eine nasse Scharte im Uferlehm zurückbleibt, kracht dann gegen einen Baumstamm, der unter Wasser treibt, und sein Motor stottert und geht aus. In seinem Boot sind Bierdosen und Angelruten und ein Jagdmesser.

Tante Becky hakt ihre halbe Hand unter Lobos Halsband und er beruhigt sich und setzt sich hin, wachsam, aber geschockt von dem Geschaukel, und seine Ohren zucken wie verrückt. Und das Einzige, was man außer dem Sirren der Insekten hört, ist das Wasser, das gegen die Metallboote klatscht.

Und dieser Vollidiot sitzt wie betäubt da und starrt uns an und blutet am Kopf und dann fragt er Tante Becky: »Beißt der?«

Ich glotze ihn nur an. Ich meine, es ist so abgefahren. Das da ist das einzige menschliche Wesen, das wir seit Tagen sehen, und es ist nicht gerade ein Prachtexemplar.

»Der Hund ist Ihr geringstes Problem«, erklärt ihm Tante Becky.

Er befühlt seinen Kopf und sieht Blut an seinen Fingern. »Ach, du liebes Lieschen.«

Also, er sieht echt aus, als könnte er jeden Moment in Ohnmacht fallen. Obertaffer Typ. Echt.

»Shannon, nimm den Hund«, sagt meine Tante. Ich kriege Lobos Halsband zu fassen und sie springt aus dem Kanu und kramt in ihrem Rucksack nach dem Erste-Hilfe-Set.

»Wie heißen Sie?«, fragt sie, während sie ihm Alkohol auf die Platzwunde gießt.

»Gerry. Mit G.« Er zuckt zusammen. »Au!«

»Wohnen Sie hier am Fluss?«

Seine Augen weichen aus. »Mal hier, mal da.«

»Na ja, Gerry mit G.« Sie wickelt eine Mullbinde um seinen Kopf, indem sie sie zwischen Handteller und Daumenstummel klemmt. »Ich denke, Sie werden es überleben. Aber fahren Sie nächstes Mal langsamer, ja?«

»Danke.« Er befühlt den Verband. »Aber ich glaube, mein Boot ist außer Gefecht.«

»Möchten Sie irgendwo anrufen? Damit jemand kommt und Sie abholt? Ich habe ein Handy.«

»Ach ja? Das wäre toll.«

Während er telefoniert, verkeilen wir das Kanu am Ufer und dann gehen Tante Becky, Lobo und ich in den Wald, pinkeln und so. Wir sind höchstens zehn Minuten weg. Als wir wiederkommen, sind Gerry und sein Boot verschwunden. Und unsere Rucksäcke ebenfalls. Heißt, das Zelt, unsere Lebensmittel und das Handy von meinem Dad.

Tante Becky fasst sich an den Kopf. »Oh, mein Gott. Mein Gott.« Sie legt die Hände an den Mund und ruft flussaufwärts: »Du undankbarer …!«

Dann reißt sie sich zusammen und dreht sich zu mir um. »Ich bin ja so blöd. Das ist alles meine Schuld. Shannon, es tut mir so leid.«

Ich beiße mir auf die Unterlippe. »Was machen wir jetzt?«

»Ich weiß nicht«, sagt sie. »Ich bin einfach – im Moment bin ich einfach sprachlos.«

Sie schaut wieder flussaufwärts, dann hebt sie die Hände. »Ach, na ja. Sind ja nur Sachen.«

Ich lasse mich auf den Boden sinken. »Nur Sachen? Hey, hallo? Mein Dad bringt dich um. Und was ist, wenn sie uns anrufen wollen und es geht nicht? Ich meine, meine Mutter dreht durch, sie wird ausrasten und ich muss mir dann anhören –«

Und Tante Becky sagt: »Okay, hast ja recht. Aber könntest du jetzt bitte mal einen Augenblick still sein, damit ich nachdenken kann?«

Was nun wirklich so ziemlich das Letzte ist, was ich in dem Moment hören will. Und dann ist es, als ob mein Brustkorb aufplatzt, und ich weiß nicht, auf wen oder was ich am wütendsten bin – auf Gerry oder Tante Becky oder meine Mutter oder mein Leben –, aber ich bin so sauer und habe Angst, und es kümmert mich nicht mehr, was ich sage oder tue.

Ich springe auf. »Du bist so ein falsches Biest! Miss Vollkommen und Vollständig! Falsch wie sonst was! Ich kann dir nicht trauen! Nicht für fünf Cent kann ich dir trauen! Von mir aus kannst du dich ins Nirwana meditieren, klar?«

Und bevor ich weiß, was ich vorhabe, bin ich im Kanu, stoße mich vom Ufer ab und paddle flussaufwärts. Und Tante Becky ruft: »Shannon, stopp! Warte! Was machst du denn da?«

Und dann sind sie und Lobo im Wasser und hinter mir her und ich schlage mit dem Paddel nach ihnen. »Geht weg! Lasst mich!«

Meine Tante packt das Kanu, aber ich stoße es ab und sie fällt ins Wasser zurück, und dann paddle ich, was das Zeug hält.

»Du fährst flussaufwärts!«, schreit sie mir hinterher.

»Na und?«, schreie ich zurück.

Und dann bin ich um die Biegung und Tante Becky ist nicht mehr zu sehen und Lobo schwimmt hinter mir her, aber ich ignoriere ihn. Das Ufer zieht hinter einem Tränenschleier vorbei und ich kann das Boot kaum gerade halten, aber irgendwie komme ich noch um ein paar weitere Biegungen, ehe der Fluss breiter wird und sich verästelt wie ein Baum. Ich weiß nicht mehr, welchen Ast wir langgekommen sind, also halte ich mich links, paddle in einen Wasserlauf rein, der sich wieder ein paar Mal verästelt, und dann bin ich irgendwo, wo ich noch nie war. Hier ist kein Nebel, nur leere, sonnige Wasseroberfläche, und schließlich bin ich so müde und ausgehungert, dass ich nicht mehr paddeln kann. Also manövriere ich das Boot ans Ufer und mache es fest.

Eine ganze Weile liege ich einfach nur im Kanu und gucke in den Himmel. Und ich frag mich, was zum Teufel ich da mache. Ich hab keine Angst mehr und bin auch nicht mehr wütend und nicht mal mehr müde. Ich bin einfach nur hungrig. Ich esse die drei Kaubonbons, aber die machen mich auch nicht satt. Über mir sind diese weißen, kalkigen Felsen und mir fällt wieder ein, dass Tante Becky gesagt hat, an solchen Felsufern wachsen manchmal Blaubeeren. Also steige ich aus dem Kanu und klettere los, über die Felsblöcke, immer höher und höher.

Hier oben ist es kühl und windig. Da sind Wildwechsel zwischen den Felsen, also folge ich denen, bis ich hoch genug bin, um den Fluss zu überblicken und die Schleifen, die zu Tante Becky führen. Und ich sehe, wie der Fluss immer weiterfließt, bis zu der silbernen Scheibe des Tupper Lake. Und im Geist sehe ich ihn immer noch weiterfließen, bis er auf andere Flüsse stößt, die in wieder andere münden, die schließlich – endlich – ins Meer fließen. Und wie er auch da nicht aufhört, nicht wirklich, weil das Wasser zu Wolken wird und zu Regen und Nebel und wieder in die Flüsse zurückfällt, immer im Kreis, ohne Ende.

Und dann klettere ich noch ein Stück höher und finde prompt diese Sträucher, voll mit dicken reifen Blaubeeren, und esse, bis ich nicht mehr kann. Und dann pflücke ich noch einen ganzen Haufen Beeren und mache aus meinem Anorak einen Sack, um sie zu tragen. Und dabei denke ich die ganze Zeit an die schrecklichen Sachen, die ich zu meiner Tante gesagt habe.

Ich bin gerade auf dem Rückweg über zwei dicht beieinander liegende Felsbrocken, als ich plötzlich dieses leise »Fiep!« unter mir höre. Ich gucke runter, und da ist das Gruseligste, was ich je gesehen habe. Ich meine, echt haarsträubend gruselig. Schlimmer als das Rehskelett. Kein Vergleich.

Denn zwischen den Felsbrocken guckt ein kleiner Kopf heraus. Nur ein Kopf, und ich bin so auf dem Horror, dass ich ein paar Sekunden brauche, um zu merken, dass da ein Körper dazugehört und dass es ein Rehkitz ist, und vor allem, dass es lebt.

»Oh nein.« Ich knie mich hin. Ich sehe, dass es zwischen den Felsbrocken klemmt. Es muss irgendwie dazwischengefallen sein und jetzt kommt es nicht mehr raus. Und ich weiß nicht, wie lange es da schon feststeckt und wie schlimm es verletzt ist.

Ich fasse zwischen die Felsen und versuche, es rauszuziehen, aber es geht nicht. Es rührt sich nicht. Ich versuch's auf jede erdenkliche Art und dabei ist das Kitz nicht größer als eine Katze. Ehrlich. Als ob es gerade erst geboren wurde, vielleicht gestern oder heute.

Ich habe kein Glück und ich habe Angst, dass es sterben wird, und ich weiß, ich kann es nicht einfach hierlassen. Ich frage mich, wo seine Mutter ist und wie sie es einfach hierlassen konnte, und dann kapiere ich, dass sie wahrscheinlich nicht viel hätte tun können. Und ich denke an meine Mutter und daran, wie sie Nancy zur Welt bringen musste, obwohl sie wusste, dass sie tot war. Und dann geht mir auf einmal auf, wie unglaublich mutig es von ihr war, noch mal von vorn anzufangen und mich zu kriegen, und dass ich vielleicht versuchen sollte, ab und zu mal Danke zu sagen, statt so ein Satansbraten zu sein. Und dann heule ich los, so richtig, als ob ich nie wieder aufhören könnte.

Ich hocke neben dem Rehkitz und es denkt vermutlich: ›Na, toll. Die ist ja echt eine große Hilfe.‹ Aber ich weiß nicht, was tun. Und dann kommt es mir plötzlich in den Sinn – es ist nicht, als würde ich's denken, die Worte kommen einfach: »Was würde wohl Tante Becky an meiner Stelle tun? Oder an deiner?«

Und ich meine, ich komme mir zwar blöd vor, aber da ist ja niemand, der mich sieht, außer vielleicht dem Kitz. Und dem nütze ich ja so auch nichts. Also setze ich mich in diesen Schneidersitz und bilde mit den Händen ein Oval und schließe die Augen. Und nach kurzer Zeit bin ich tatsächlich ruhiger, obwohl ich nichts anderes tun kann als an das Kitz zu denken, das sterben wird, also richte ich mein Bewusstsein darauf.

Ich sehe seinen Körper vor mir und die Form der Felsbrocken und

wie sein Kopf dazwischen passt, oben drüber und unten drunter. Ich halte das Bild fest, ewig lange, scheint mir, bis meine Beine und Hände verschwinden und da nichts mehr ist außer dem Kitz und den Felsen und diesem hellen, leeren Raum drum herum.

Als ich die Augen wieder aufmache, ist das Kitz noch am Leben. Ich springe runter an der Stelle zwischen den beiden Felsbrocken, sodass ich genau vor ihm stehe. Dann greife ich mit der Hand unter das Kitz, sodass sein kleiner Körper ganz auf meinem Arm liegt, und ziehe es zu mir. Die Felsen scheinen nachzugeben und es flutscht heraus wie etwas, das geboren wird.

Dann halte ich es in den Armen und es ist einfach nur da, so leicht wie Glas. Nach ein paar Sekunden stellt es sich auf die staksigen Beine und ich öffne die Arme und es stakst heraus. Es dreht den Kopf zum Dickicht hin, als ob da was ruft, das keiner außer ihm hören kann, und dann ist es weg.

Ich fühle immer noch seinen kleinen Körper an meinem. Ich fühle, wie mein Herz pumpt und meine Lunge sich dehnt. Und plötzlich dehnt sich alles aus, ich eingeschlossen, und da ist kein Unterschied zwischen mir und dem Fels, auf dem ich sitze, oder dem ganzen Felsufer und dem Fluss dort unten. Der Himmel wird immer weiter und weiter, mit mir drin, bis da nichts ist und alles ich ist.

Und dann, nach einer Weile, geht das wieder weg und alles ist ganz klar und scharf und lebendig. Und ich? Ich bin auch lebendig. Ich nehme die Beeren und steige wieder ins Kanu. Ich paddle flussabwärts, bis ich an die erste Gabelung komme, und dann habe ich keinen Schimmer mehr, wo ich langmuss.

Also lege ich das Paddel ins Kanu und lasse mich einfach vom Wasser tragen, wohin es will. Als ob ich auf irgendwas vertrauen muss, und warum dann nicht auf den Fluss? Das Kanu nimmt eine Biegung und dann noch eine und noch eine, und dann sitzt da Lobo am Ufer und wartet auf mich. Und hinter ihm steigt Rauch von Tante Beckys Feuer auf und der Geruch von brutzelndem Fisch.

Als ob es mir sagen will, egal was ist und wo immer ich bin, ich bin zu Hause.

Hanna Jansen

Simon

Als die schwere Tür mit einem dumpfen Knall hinter Simon zuflog, zuckte er zusammen, als wäre hinter ihm geschossen worden. Er hielt sich die stechenden Seiten und blieb stehen, wie erstarrt. Vor seinen Augen, von der grellen Sonne noch geblendet, tanzten Schatten, sodass er kaum etwas erkennen konnte. Er kniff sie ein paarmal zu, bis sie sich an den Unterschied zwischen drinnen und draußen gewöhnt hatten, und erst jetzt, als er den Kopf hob und die Spitzbögen sah, wurde ihm klar, wohin er geraten war.

»Scheiße!«, zischte er. Er wollte raus, sofort, aber er musste bleiben, er hatte keine andere Wahl. Die beiden Bullen aus dem Stehcafé waren die ganze Zeit hinter ihm her gewesen, ein paarmal hätten sie ihn beinah eingeholt und erst zum Schluss hatte er sie in einer der Seitengassen abgehängt. Aber sie waren ja bestimmt nicht blöd! Garantiert waren sie ihm bis zum Markt gefolgt und warteten in aller Ruhe ab, dass er wieder auftauchte. Wenn er jetzt da rausging, auf den freien Platz, hatten sie ein leichtes Spiel.

Es roch verdammt muffig. Nach Kirche eben. Der Geruch nervte ihn. Es war zwar ziemlich lange her, doch als er noch bei den Nonnen gewohnt hatte, musste er das jeden Sonntagmorgen aushalten. Und dazu das endlose Gelabere des Pfarrers.

Er schnaufte, zog die Nase hoch, in der jetzt etwas anderes den Muff verdrängte. Er roch sich selbst. Kein Wunder! Er dampfte. So gerannt wie eben war er noch nie, und seit er zugenommen hatte, schwitzte er schon bei der kleinsten Bewegung. Seit Tagen hatte er sich außerdem nicht mehr gewaschen.

Er starrte auf seine verdreckten Turnschuhe, aus denen die losen Schnürsenkel hingen. Beim Rennen war er darübergestolpert, um ein Haar hätte er einen der Schuhe verloren. Das eben da draußen war der totale Horror gewesen!

Er schnappte nach Luft, versuchte runterzukommen. Rogers und Eismanns Stimmen geisterten ihm durch den Kopf: »Hey, Alter, wozu die Panik? Immer schön cool bleiben!«

Diese Assis! Dauernd mischten die sich in was ein, das sie nichts anging. Dabei kannte er sie gar nicht so besonders gut, wusste noch nicht mal, warum Fismann eigentlich Fismann hieß. Auf die konnte er verzichten, er war sowieso lieber allein!

Plötzlich gaben seine Beine nach, als ob einer die Luft rausgelassen hätte. Als er sich zur hintersten Bankreihe schleppte, hörte er seine Füße über den Steinboden schleifen, und ihm fiel auf, wie totenstill es sonst war.

Obwohl er auf gar keinen Fall bleiben wollte, zwängte er sich in die enge Lücke zwischen Sitzbank und Gesangbuchablage und ließ sich fallen.

Er stierte nach vorn. Seine Augen, inzwischen an das schummerige Licht gewöhnt, registrierten jetzt Einzelheiten und er stellte erleichtert fest, dass die Bankreihen vor ihm leer waren.

Die Kirche war alt und nicht besonders groß. Von außen kannte er sie schon lange, aber er war noch nie drinnen gewesen.

Vor seiner Nase am Ende des Raums drei hohe Fenster aus bunten Scherbenbildern. In der Mitte ein hellgrauer Steinklotz, bedeckt mit einem schneeweißen Tuch. Oben drauf ein großer Kerzenleuchter und ein dickes, aufgeschlagenes Buch. Links an der Wand Maria aus Holz, die ihr Kind auf dem Arm trug und den anderen nach vorne streckte. Sie hielt einen Stab in der Hand, wie einen Stock, mit dem sie drohte.

Simon wischte sich den Schweiß aus den brennenden Augen und lehnte sich zurück.

Jetzt reiß dich bloß zusammen!, befahl er sich selbst. Denn plötzlich rasten Bilder durch seinen Kopf wie im Film, nicht zu stoppen! Und dazwischen tauchte immer wieder der Blick auf, dieser Blick, der sich in ihm festgehakt hatte wie eine Klette.

Bescheuert!, dachte Simon. Total bescheuert. Was ist denn schon gewesen?

Er hievte sich hoch, stolperte über das Ding für die Knie auf den Gang zurück und zupfte an seiner Jeans, die an den Oberschenkeln klebte.

Unmöglich, still zu sitzen, wenn er so daneben war!

Überhaupt war Stillsitzen nie seine Stärke gewesen. Nicht am Tisch, nicht in der Schule und schon gar nicht in der Kirche! Früher, als er noch ein Zwerg gewesen war und seine Füße, wenn er saß, kaum bis zum Boden reichten, hatte er während der Predigt manchmal mit den Beinen gewippt und gegen die Kniebank gehämmert. Ein richtiges kleines Trommelkonzert hatte er veranstaltet, um nicht einzuschlafen oder vor Ungeduld umzukippen. Der Pfarrer hatte jedes Mal aufgehört zu labern und ihn, Simon, so lange scharf fixiert, bis er es sein ließ und wieder so tat, als ob er zuhörte. Ein paar der Storys waren sogar einigermaßen spannend gewesen. Die von Josef zum Beispiel, den seine

Brüder in eine Grube geschmissen hatten, weil sie ihn loswerden wollten. Aber dieses ewige Geschwafel drum herum ... das konnte er nicht ab, davon verstand er sowieso kein Wort.

Er hasste es wie die Pest, wenn gelabert wurde. Bis heute.

Jetzt war er vierzehn und wenn er es genau überlegte, sein Leben lang zugetextet worden. Seit er sich erinnern konnte, hatten ihn die Laberleute geradezu umzingelt. Die Nonnen in seinem ersten Heim, danach seine Pflegeeltern, die Erzieher im nächsten Heim, die Jugendamtstanten, die jedes halbe Jahr zur Laberstunde kamen ... und die Lehrer an diversen Schulen, wo er – wie sie ihm weismachen wollten – jedes Mal eine neue Chance haben sollte, aber trotzdem regelmäßig rausgeflogen war.

Außer Angelika ... Unfassbar, aber die hatte ihn noch nie belabert, obwohl sie, wie er wusste, auch zum Heiligenverein gehörte.

Wenn einer auf ihn einredete, stellte er seine Ohren auf Durchzug. Lohnte sich nicht hinzuhören, er glaubte sowieso kein Wort. Von wegen: »Wir wollen für dich nur das Beste!« Die kleinste Kleinigkeit genügte, und schon kriegte er eins drauf.

Simon schluckte.

Langsam tastete er sich an den Bankreihen entlang und nahm die verschnörkelten Lehnen unter die Lupe. Geschnitzte Blätter, die aussahen wie echt. Da musste einer endlos dran rumgewerkelt haben. Er blieb stehen, strich mit den Fingerspitzen über die Rillen und versuchte die Linien nachzuziehen, bloß um sich irgendwie abzulenken, aber es nützte nichts. Immer wieder, wie aus einer Leuchtpistole abgefeuert, schossen ihm die Bilder durch den Kopf.

Das große Kinocenter am Bahnhof. Riesige Plakate hinter den Scheiben. Terminator 5, ein Bodybuildertyp mit Knarre, den Finger am Abzug ... Nur die Stärksten überleben.

Gegenüber im Stehcafé zwei Bullen, die Pause machten. Brötchen aßen und Kaffee tranken ... ihre Mützen neben den Tassen ...

Draußen vorm Big Apple fast alles besetzt. Die Leute schoben sich Burger rein oder haufenweise Pommes, während Simon einen tierischen Hunger hatte. Seit gestern Morgen nach dem mickrigen Frühstück im Don Bosco Haus nichts mehr gegessen ... in seinem Magen ein megagroßes Hungerloch, doch sein Bauch zum Platzen voll mit Wut, einer Wut, die sich – wie so oft – langsam aber sicher aufgestaut hatte, ihn von innen auffraß und die er loswerden musste, irgendwie. Nicht sofort, jetzt war erst mal der Hunger dran, aber später! Es würde sich schon was finden lassen.

»Was willst du denn von mir?«, fragte der Typ. Nicht die Spur ängstlich!

Simon hatte ihn im Pulk der Leute, die gerade mit der Regionalbahn angekommen waren, sofort angepeilt. Er war der Richtige. Einen Kopf kleiner als Simon, total unauffällig, auf jeden Fall ein Weichei, das sah jeder. Einer von der Sorte, die vielleicht was im Hirn hat, aber keinen Mumm.

Als er hinter der Pommesbude zum Parkplatz abbog, rannte Simon hinter ihm her, überholte ihn und baute sich vor ihm auf. So fing es an. Mehr oder weniger harmlos. Es hätte schnell erledigt sein können, bloß die übliche Abzocke, ein paar Euro halbwegs freiwillig rausgerückt und man hätte das Ganze vergessen können ...

Simon fing wieder an zu schwitzen, obwohl er sich nicht vom Fleck gerührt hatte. Höchste Zeit, dass er vor die Tür kam! Raus aus dem Murmelschuppen, in eine halbwegs normale Umgebung. Damit er aufhörte zu grübeln und diesen Blick endlich loswurde ...

Er fragte sich, wie lange er schon hier war. Wie Ewigkeiten kam es ihm vor, doch er war sich nicht sicher. Keinen blassen Schimmer, wie spät es war. Handy tot. Akku leer. Ladekabel weg. Und keine Kohle für ein neues.

Simon ließ die Lehne los, marschierte Schritt für Schritt nach vorn, bis zur ersten Bankreihe. Am liebsten hätte er das nass geschwitzte T-Shirt ausgezogen. Hier drinnen ohne Sonne fühlte sich der Schweiß eiskalt an und er kriegte eine Gänsehaut nach der anderen.

Was wohl Angelika sagen würde, wenn sie da wäre?

»Ich bin Angelika«, hatte sie gesagt, als sie zum ersten Mal bei ihnen aufgekreuzt war. Auf dem Spielplatz unterhalb des Klosterbergs, wo sie seit einiger Zeit abends abhingen. Er, Roger und Eismann …

»Ich bin Angelika«, sagte die Frau im dunklen Mantel und setzte sich ohne zu fragen neben Roger und Simon auf die Bank.

Sie war auf einmal aufgetaucht, aus dem Nichts. Simon und Roger hatten ihr Kommen jedenfalls nicht mitgekriegt, weil sie mit Eismann beschäftigt waren, der gerade auf der Sandkastenumrandung die leeren Bierdosen wieder in einer langen Reihe nebeneinander aufstellte. Fürs nächste Spiel, bei dem jeder von ihnen versuchen musste, sie mit kleinen Steinen von der Umrandung zu schießen. Aus der Entfernung war das nicht leicht, denn es war schon so dunkel, dass man die Dosen kaum noch erkennen konnte. Nur der laute Kick beim Treffen wurde gezählt. Wer die meisten abschoss, durfte die nächste volle Dose in sich rein schütten. Simon hatte ein paarmal gewonnen und merkte, wie ihm der Alkohol langsam zu Kopf stieg.

Es war ein eklig kalter Novemberabend, nach neun schon. Über den Weg, der vom Spielplatz steil nach oben führte, fegte ein scharfer Wind. Tagsüber hatte es pausenlos geregnet. Die Bäume trieften und Simons Sneaker waren vollgesogen wie Schwämme.

Die Frau schlug den Mantelkragen hoch, vergrub ihre Hände in den Taschen und streckte die Beine aus.

Starkes Stück!, dachte Simon. Was fiel der ein, sich einfach so zu ihnen zu setzen, als wäre es das Normalste von der Welt. *Hau ab, Schlampe!*, lag ihm auf der Zunge, aber er schluckte es runter, weil er keine Lust auf Diskussionen hatte.

Gegen die Regel schnappte Roger sich eine volle Dose, riss die Lasche auf und kippte das Bier ohne einmal abzusetzen in sich rein. Sein Hals gluckste und zuckte bei jedem Schluck. Als er fertig war, ließ er die Dose fallen, kickte sie mit dem Hacken unter die Bank und rülpste die Frau an.

Eismann kam im Schneckentempo vom Sandkasten wieder. An der Art, wie er ging, als ob er Rollen unter den Füßen hätte, sah man, dass er die Frau längst gesichtet hatte und in seinem Hirn mächtig was arbeitete. Er steuerte frontal auf sie zu und stoppte nur wenige Zentimeter vor ihren Fußspitzen.

»Verpiss dich!«, knurrte er.

Die Frau zog die Beine ein und setzte sich etwas steiler hin.

»Ich bin Angelika«, wiederholte sie. Privatvorstellung für Eismann.

»Na und?« Eismann verzog keine Miene. »Du bist hier überflüssig, Alte!«

Roger leckte sich den Schaum von den Lippen und grinste Eismann an, der noch näher an die Frau ranrückte. Gefährlich nah. »Was ist?! Du sitzt auf meinem Platz, Alte!«

Doch die Frau stellte sich taub, als wenn sie es drauf anlegte, mächtig Ärger zu kriegen.

Simon, der bis ans Ende der Bank gerutscht war, taxierte sie von der Seite. Schwarzes, welliges Haar, sehr kurz geschnitten, ziemlich käsiges Gesicht, ihre Nase ein bisschen zu spitz, aber sonst einigermaßen ansehnlich für ihr Alter, so um die dreißig schätzte er sie …

Stopp! Da war was faul! Keine halbwegs normale Frau, die so angezogen war wie sie, würde auf die schwachsinnige Idee kommen, sich hier bei ihnen breitzumachen. Die da hatte was vor, das konnte man riechen. Bestimmt war sie ihnen von einem der Anwohner auf den Hals gehetzt worden. Wegen der vielen Bierdosen und Wodkaflaschen, die dauernd im Sandkasten rumflogen … Ja, das musste es sein! Fehlte nur noch, dass diese Angelika ohne mit der Wimper zu zucken ihren Bullenausweis aus der Tasche zog und anfing, ihnen Löcher in den Bauch zu fragen. Oder das Jugendschutzgesetz runterzuleiern … Bier trinken unter sechzehn nicht gestattet und den übrigen Mist …

Er räusperte sich und versuchte Eismann Zeichen zu geben, dass der jetzt besser das Maul hielt.

Die Frau rührte sich noch immer nicht von der Stelle, sondern blickte an Eismanns kahlem Schädel vorbei auf den Karton mit den restlichen Bierdosen.

»Wie wär's zur Abwechslung mal mit was zu essen?«, fragte sie. Es hörte sich doch tatsächlich wie eine Einladung an.

Simon blieb die Spucke weg. Mit allem hatte er gerechnet, bloß nicht mit so was. Roger grinste weiter, sah jetzt aber ausgesprochen dämlich aus.

»Lass mal, Alte, wir stehen mehr auf Flüssignahrung«, sagte Eismann.

»War ja nur so eine Idee«, antwortete sie seelenruhig. »Wo pennt ihr eigentlich zurzeit?« Als sie das fragte, nahm sie ausgerechnet Simon ins Visier.

Er kniff die Lippen zusammen und stierte demonstrativ auf seine Schuhe. Na, also!, dachte er. Jetzt geht das Verhör schon los!

Aber nicht mit ihm! Von ihm würde sie kein Sterbenswort zu hören kriegen. Wenn er wollte, konnte er sogar tagelang eisern die Klappe halten, das hatte er sich antrainiert. Er zog sein Handy aus der Hosentasche. Ein letztes Weihnachtsgeschenk von Regina und Martin. Es war kurz vor zehn.

Das Don Bosco Haus, Absteige für obdachlose Jugendliche, machte

in zwei Stunden dicht. Wahrscheinlich würde er es nicht mehr schaffen, rechtzeitig da zu sein. Egal. Eismann und Roger hatten in einer Bauruine einen Stapel Zeitungen und ein paar alte Decken deponiert.

»Das geht dich einen Scheißdreck an!«, blaffte Eismann. »Sag mal, bist du taub? Du störst hier, Alte!«

»Na dann …« Endlich stand sie auf. »Aber falls ihr doch mal etwas brauchen solltet … Unter der Adresse könnt ihr nach mir fragen. Fragt einfach nach Angelika. Oder ruft mich an! … Ich bin jederzeit erreichbar. Wirklich jederzeit.« Sie zog eine Visitenkarte aus der Tasche, legte sie dahin, wo sie gesessen hatte, und verdrückte sich ohne ein weiteres Wort.

Nachdem sie weg war, glotzten alle wie blöd auf die Karte, ohne sie zu nehmen. Eismann mit einer tiefen Falte über der Nase, als müsste er über irgendein dummes Problem nachdenken. Roger grinste nicht mehr. Er trat von einem Bein aufs andere und wirkte ziemlich durcheinander.

»Die war ja vielleicht irre!«, knurrte er. »Was wollte die von uns?«

Genau das fragte Simon sich auch. Die ganze Zeit hatte er den Verdacht gehabt, dass diese Angelika irgendwas vorhatte. Nichts Gutes! Aber was?

Plötzlich bückte sich Eismann und nahm die Karte nun doch. Mit spitzen Fingern, als wollte er keine Abdrücke hinterlassen.

»Mal sehen!«, sagte er und trottete ein Stück in Richtung Straßenlaterne.

»Angelika Bergmann …«, las er laut und stockend. »Street-wor-ke-rin.«

Simon musste sich das Lachen verkneifen, als er hörte, wie Eismann »Streetworkerin« aussprach, exakt wie es geschrieben wurde. Er selbst hatte lange genug Englisch gehabt, um sofort zu kapieren, was gemeint war. Doch er sagte lieber nichts, weil er wusste, wie schnell Eismann *durchdrehen konnte, wenn jemand über ihn lachte. Nicht, dass er, Simon, etwa Schiss gehabt hätte! Mit Eismann konnte er es allemal aufnehmen. Aber er wollte einfach keinen Stress.*

»Vergiss es! Die kommt von irgend so 'nem blöden Kirchenverein!« Eismann spuckte in hohem Bogen aus und schnippte die Karte weg, sodass sie noch ein Stück durch die Luft flog, bevor sie runtersegelte und in einer Pfütze landete.

Angelika zu vergessen, war gar nicht so einfach!

Schon allein deswegen nicht, weil sie andauernd wieder aufkreuzte, an den unmöglichsten Stellen, wo Roger, Eismann und Simon gerade abhingen. Die gab so leicht nicht auf, das musste man ihr lassen! Und sie laberte wirklich kein einziges Mal. Meistens brachte sie sogar was mit. Was zu essen, manchmal auch Klamotten, Zahnpasta oder Duschgel. Und immer hatte sie so eine Art Arzttasche mit Verbandszeug und Medikamenten dabei. Sie blieb nie besonders lange.

So langsam aber sicher hatten sie sich daran gewöhnt, dass sie immer wiederkam. Roger und Eismann hatten sogar ab und zu mit ihr gequatscht, ohne sie gleich anzupöbeln. Nur Simon hatte weiter stur den Mund gehalten. Er traute ihr nun mal nicht übern Weg. Die kam bestimmt nicht einfach so! Das machte keiner! Die wollte was von ihnen, garantiert, und er würde schon dahinterkommen, was es war.

Dass er jetzt an sie dachte, kam ihm komischerweise logisch vor, aber es nervte ihn auch. Keine Ahnung, was sie sagen würde, wenn sie gerade da wäre. Wahrscheinlich gar nichts. Das war es ja, was er nicht auf die Reihe kriegte!

Er setzte sich wieder hin. Das Weiß des Tischtuchs stach ihm in die Augen und sein leerer Magen knurrte ihn an. Das bisschen Brot von heute Morgen restlos verdaut und die Wut verpufft. Wie immer, wenn er sie losgeworden war, hatte Simon ein flaues Gefühl im Bauch.

Ein Rascheln schreckte ihn auf. Es kam aus der Ecke hinter einer der vorderen Säulen, die ihm die Sicht auf die erste Bankreihe im linken Seitenteil der Kirche nahm. Er hielt den Atem an und hörte gleich danach ein Knarren, dann einen kurzen, harten Ton, als hätte jemand gegen die Holzbank geschlagen, und sein Herz raste los. Verdammt, da war jemand! Wahrscheinlich schon die ganze Zeit, er hatte es bloß nicht mitgekriegt. Schon wollte er aufspringen und wegrennen, als ein alter Mann in den Mittelgang trat und da stehen blieb, mit dem Rücken zu Simon. Ganz ruhig. Er beugte den Kopf und brabbelte irgendwas vor sich hin. Falls er Simon bemerkt hatte, schien es ihm egal zu sein. Sein Rücken krümmte sich unter dem hellen Sommermantel und sein Hinterkopf war fast kahl. Nur ein paar dünne graue Strähnen quer über die braunen Flecken auf der Glatze gekämmt. Langsam drehte er sich um.

Mach mich bloß nicht an, Alter! In Simon fing es an zu brodeln. Als der Mann sich in Bewegung setzte und den Gang entlangschlurfte, schielte Simon kurz in die trüben, rot geränderten Augen. Der Mann nickte ihm zu.

»Glück gehabt, Alter!«, dachte Simon. Aber erst als er hörte, wie die schwere Kirchentür zuklappte, wurde er etwas lockerer.

Alle Knochen taten ihm weh. Mit steifen Beinen stand er auf. Er wollte eine Runde drehen, um auf Nummer sicher zu gehen, dass nicht noch einer irgendwo hinter den Säulen lauerte.

Er wagte sich sogar bis zur Tür vor, wo er kurz anhielt, drauf und dran, sie aufzudrücken und einfach rauszumarschieren, doch er verkniff es sich. Was sollte er draußen? Ohne einen Cent in der Tasche! So was wie vorhin am Bahnhof konnte er auf keinen Fall noch mal riskieren. Jedenfalls nicht heute. Und Eismann und Roger würde er nicht vor acht treffen, die waren noch unterwegs.

Langsam kehrte er um und landete wieder vorn auf der ersten Bank. Zum Umfallen müde, weil er morgens schon fix und fertig aufgestanden war. Zwei Typen im Don Bosco Haus waren so hackevoll gewesen, dass sie die ganze Nacht gekotzt hatten. Gegen sieben hatte Simon gemacht, dass er aus der Stinkbude kam. Am liebsten wäre er schon eher abgehauen, aber vor sieben wurde da nie aufgeschlossen.

Sein beschissenes Nachtgefängnis nannte Simon das Don Bosco Haus, und wenn er es irgendwie hinkriegte, pennte er lieber woanders.

Er streckte sich der Länge nach auf der Bank aus, verschränkte die Arme im Nacken und stierte auf die Deckenbögen. Stille hüllte ihn ein, als läge er unter einem Watteberg. Er wurde schläfrig. Fast wäre er eingedöst, aber dann fuhr er hoch, weil er schon wieder den Blick vor sich sah, ganz deutlich … die dunklen Augen, direkt auf ihn gerichtet … keine normalen Augen, bestimmt nicht! … irgendwie magisch oder so … in ihnen war was, das Simon nicht kannte … es hatte ihn umgehauen und rumorte in ihm, seit ihn der Typ, als er am Boden lag, so komisch angesehen hatte.

Simon hatte Scheiße gebaut, das wusste er, er wusste immer, wenn er Scheiße gebaut hatte, und es machte ihm nie was aus, aber diesmal war es anders. Er schaffte es einfach nicht, das Ganze zu vergessen, und das hatte was mit dem Blick zu tun, den er nicht aus dem Kopf kriegte.

In seinem Hals brannte es auf einmal, als ob er gleich losheulen müsste.

Er biss die Zähne zusammen. So ein Schwachsinn! Das war ja wirklich nicht zu glauben … er glaubte sowieso an nichts.

Er schloss die Augen, um auf andere Gedanken zu kommen. Überlegte, ob er es jetzt riskieren konnte, sich aus dem Staub zu machen. Falls ihm die Bullen überhaupt bis zum Markt gefolgt waren, hatten sie seine Spur dort verloren, sonst wären sie sicher längst reingekommen.

Doch auf einmal hatte er es nicht mehr so eilig. Es war fast wie früher, wenn er Hausarrest hatte. Dagegen hatte er sich zuerst auch immer mit

Händen und Füßen gewehrt, aber wenn er dann eine Zeit lang drinnen gehockt hatte, war es ihm nur noch halb so tragisch erschienen. Allein zu sein, hinter einer geschlossenen Tür, hatte ihn sogar irgendwie beruhigt.

»Du gehst jetzt in dein Zimmer und da bleibst du, bis du eingesehen hast, dass es so nicht weitergeht!«

Reginas Standardsatz, wenn sie mit den Nerven total am Ende war.

»Geh in dein Zimmer und lass dir etwas einfallen!«, sagte Regina mit gepresster Stimme.

Sie stand vor ihm, den Brief von der Schule in der Hand, und Simon merkte sofort, wie schwer es ihr fiel, ihn nicht anzuschreien. Sie war kleiner als er, und wie immer, wenn sie ihm gegenüber die harte Nummer abziehen wollte, wirkte sie besonders hilflos.

Er starrte auf sie runter, auf die Frau, die er Mama nannte, obwohl sie nicht wirklich seine Mutter war. In letzter Zeit sah sie oft bleich und abgekämpft aus.

Mit dem Brief hatte er gerechnet, er wusste auch schon, was drinstand, obwohl er ihn nicht gelesen hatte. Es ließ ihn ehrlich gesagt kalt. Genau genommen hatte er es sogar drauf angelegt.

Vor Kurzem war er wieder mal dabei erwischt worden, dass er ein paar Klassenarbeiten zu Hause unterschlagen und Reginas Unterschrift gefälscht hatte. Als die Sache aufgeflogen war, hatten ihn die Lehrer mächtig unter Druck gesetzt, und um dem ganzen Ärger aus dem Weg zu gehen, hatte er seitdem geschwänzt. Das reichte für den Schulverweis. Bei der letzten Konferenz, die seinetwegen stattgefunden hatte, hatten sie gedroht, ihn sofort rauszuschmeißen, falls er sich noch irgendwas zuschulden kommen lassen würde.

»Ich verstehe dich nicht«, sagte Regina in dem weinerlichen Ton, der ihn jedes Mal total nervte, weil er sich gegen seinen Willen schul-

dig fühlte. »*Warum tust du dir und uns das an? Du bist so begabt und klug, der liebe Gott hat dir ein Riesenkapital geschenkt und du wirfst es immer wieder weg. Du müsstest dir doch bloß ein bisschen Mühe geben! Wann begreifst du endlich, dass es nur um dich und deine Zukunft geht?*«

Er ließ ihre Worte an sich abprallen, verzog keine Miene. Dieses ständige Bla Bla ging ihm auf den Geist und den lieben Gott, den sollte sie besser aus dem Spiel lassen, den konnte man sowieso vergessen!

»*Jetzt sag was, Simon! Wie stellst du dir das vor? Wir versuchen dir zu helfen und du machst dauernd Schwierigkeiten, ohne jeden Grund. Ich ... halte das einfach nicht mehr aus!*«

Ach nee! Endlich redete sie Klartext. Darauf hatte er gewartet! Jetzt zeigte sie ihr wahres Gesicht. Die Wut stieg langsam in ihm hoch.

»*Wenn du so weitermachst, nimmt dich keine normale Schule mehr. Und tu bloß nicht so, als ob dir das egal wäre!*«

Und wie egal ihm das war! Ihm war so ziemlich alles egal.

»*Geh in dein Zimmer und nimm das hier mit!*« *Sie hielt ihm den Brief unter die Nase, fuchtelte damit rum.* »*Wenn Papa kommt, werden wir darüber reden. Ich erwarte, dass du dir bis dahin überlegst, wie es weitergehen soll!*«

Gar nichts würde er! Die Wut steckte jetzt im Hals, am liebsten hätte er den Brief zerfetzt und ihr ins Gesicht geschmissen.

»*Ich geh raus*«, *sagte er heiser und drehte sich um. Aber sie packte ihn am Arm, so fest, dass es wehtat.*

»*Das wirst du nicht!*«, *kreischte sie.* »*Du tust, was ich dir sage, hast du mich verstanden?! Und zwar sofort! Du gehst in dein Zimmer und da bleibst du, bis ich dir erlaube, wieder rauszukommen!*«

Noch immer krallte sie sich an seinem Arm fest, zerrte wie wild daran. Etwas von seiner Wut schien auf sie übergesprungen zu sein, es war das erste Mal, dass sie richtig handgreiflich wurde. Das gab ihm den Rest! *Er hob die Hand, kurz davor, Regina zu schlagen, doch er bremste sich im letzten Augenblick.*

»Du hast mir überhaupt nichts zu sagen! Du bist nicht meine Mutter!«, brüllte er und riss sich los.

Bevor er aus dem Haus rannte, sah er noch, wie sie die Hände vors Gesicht schlug.

Das war der Anfang vom Ende gewesen.

Ungefähr sieben Jahre hatten Regina und Martin es mit ihm ausgehalten, dann musste er wieder ins Heim. In eins, wo nur kaputte Typen wohnten, solche wie er … und von da an war es rasant bergab gegangen. Er hatte sich von keinem mehr was sagen lassen, war dauernd abgehauen und am Ende wieder rausgeflogen. Ohne feste Bleibe dieses Mal, mit Nachtquartier Don Bosco Haus.

Regina und Martin hatte er seitdem nicht mehr gesehen. Nach allem, was passiert war, traute er sich nicht, sie zu besuchen. Ihre Gesichter waren beim Abschied so deprimiert gewesen, dass er nicht mehr daran denken mochte.

Dabei war es mit den beiden anfangs gar nicht mal so schlecht gelaufen.

Als sie ihn aus dem Heim geholt hatten, war er fast fünf gewesen und, zugegeben, richtig heiß auf Eltern und den ganzen Heileweltkram. Zuerst hatten sie ihn auch total verwöhnt. Manchmal, wenn er nachts von schlimmen Träumen wach geworden war, hatten sie ihn sogar in ihr Bett geholt und er durfte zwischen ihnen auf der Ritze weiterschlafen. Es war ein komisches Gefühl gewesen, da zu liegen, wie eingezwängt. Er hatte nicht gewagt, auch nur den kleinsten Mucks von sich zu geben, hatte sich steif gemacht und zugehört, wie sie neben ihm atmeten. Und sich eingebildet, dass sie wirklich seine Eltern wären.

Sie hatten sich Mühe gegeben, das war nicht abzustreiten.

Besonders Regina. Früher hatte sie sogar jeden Abend an seinem Bett gesessen und ihm was vorgelesen. Oder was erzählt. Und ihm, bevor sie aus dem Zimmer ging, noch einen feuchten Kuss auf die Stirn gedrückt. Das volle Programm eben, das man draufhaben muss, wenn man Mutter sein will. Bloß, dass sie eben nicht seine Mutter war. Er hatte nämlich schon eine und die hätte, verdammt noch mal, da sitzen müssen! Doch die war vor Urzeiten irgendwohin verschwunden, und zwar spurlos, er konnte sich nicht mal mehr an ihr Gesicht erinnern.

Warum es mit Regina und Martin zuletzt so total schiefgelaufen war, wusste er nicht genau. An ihnen hatte es wohl nicht gelegen, jedenfalls nicht wirklich. Eher an ihm. Mit ihm, Simon, stimmte was nicht.

Irgendwie musste er immer alles kaputt machen, mit seiner Wut, die wie ein wildes Tier ständig auf dem Sprung war. Auch mit seiner schroffen, abweisenden Art. Aber so war er eben. Wenn ihm einer zu nahe kam, kriegte er die Panik.

Die Wut war immer da gewesen, jedenfalls soweit er sich erinnern konnte, doch es gab nicht immer einen Grund dafür. Manchmal reichte es, dass ihn einer schief anguckte, und schon rastete er aus.

Er hörte hinter sich die Tür. Schritte auf dem Steinboden, die langsam reinkamen und anhielten. Dann hörte er nichts mehr. Simon machte sich steif, wie früher auf der Bettritze zwischen Regina und Martin und hielt die Luft an. Die Schritte entfernten sich. Wieder hörte er die Tür.

Abrupt richtete er sich auf. Falls noch mal einer reinkommen würde, wollte er nicht im Liegen erwischt werden.

Im vorderen Teil der Kirche war es mittlerweile heller geworden. Die Sonne stand direkt über den Fenstern. Am Ende der Bank fiel ihm ein Stapel kleiner, schwarzer Bücher ins Auge. Er rutschte darauf zu, holte sich eins und fing an zu blättern. Nur aus Langeweile, nicht weil ihn interessierte, was da drinstand. Die Seiten waren so dünn, dass seine Finger sie einzeln kaum fassen konnten. Sie knisterten.

Jede Menge Lieder mit Noten, daneben groß gedruckt die Nummern.

Das erinnerte ihn an die Sonntage in der Kirche, an die Orgelmusik, die er irgendwie gemocht hatte. Seine Ohren vollgedröhnt mit Orgeltönen und in seinem Bauch ein warmes Brausen, wenn der Organist beim Vorspiel so richtig in die Tasten haute. Da hätte er stundenlang zuhören können! Aber sobald der jämmerliche Gesang losging, war es aus und vorbei. Diese öden Lieder machten einem jede Stimmung kaputt.

Während er weiterblätterte, kamen ihm einzelne Satzfetzen entgegen: … wir loben dich … dir will ich danken … o guter Hirt … ehr sei dem Vater … Herrlichkeit … schenk uns dein Erbarmen … singet dem Herrn … .

Und zwischendurch, fast auf jeder zweiten Seite, immer wieder Jesus Christus.

Oh Mann!, dachte Simon. Was sollte das? Das verstand doch kein Mensch! Bei Lied 503 blieb er zufällig an der zweiten Strophe hängen und fing unwillkürlich an zu lesen.

Du hast für uns dein Leben
O Jesu hingegeben
und gibst dein Fleisch und Blut
zur Speise und zum Tranke,
wer preist mit würdgem Danke
dies unschätzbare, ewge Gut!

Die Zeile »zur Speise und zum Tranke« war ihm ins Auge gesprungen, weil der Hunger sich wieder bemerkbar machte.

Kommt alle, die auf Erden
von Not bedränget werden …

Er schnaufte verächtlich. Alle auf Erden? Bullshit!

… So spricht dein eigner Mund
»Ich will euch wiedergeben
mit meinem Blut das Leben,
dies ist der neue, ewge Bund.

Es reichte! Schnell klappte er das Buch zu. Bei dem Wort »Blut« war was Furchtbares in ihm hochgekrochen. Und wieder hatten ihn die Augen angesehen … Augen, die irgendwie in ihn reingucken konnten …

»Was willst du denn von mir«, fragte der Typ, keine Spur ängstlich.

Simon sah weg. Dieser Kerl hatte extrem dunkle Augen und er guckte so intensiv, dass man es nicht aushalten konnte.

»Hast du vielleicht n' paar Euro für mich? Für was zu essen.«

Sie standen sich gegenüber, an der Rückseite der Pommesbude. In einer Duftwolke von frischer Bratwurst, die Simon total fertigmachte. Außer ihnen so gut wie keiner da. Nur ein Pärchen, aber weit genug entfernt und mit sich selbst beschäftigt. Es war Mittagszeit. Die meisten der geparkten Autos gehörten Pendlern, die erst abends von der Arbeit kamen. Und die nächste Regionalbahn würde mindestens noch eine Viertelstunde auf sich warten lassen. Das war die Gelegenheit!

»Sorry«, sagte der Typ. »Mein letztes Kleingeld ist vorhin für den Fahrschein draufgegangen.«

Das hörte sich irgendwie ehrlich an, aber Simon glaubte ihm trotzdem kein Wort. Er kannte sich aus. Leute wie der hatten immer was dabei, der war bloß nicht bereit, es rauszurücken.

»Komm, mach schon!«, drängte Simon. »Etwas Kohle wirst du doch wohl übrig haben!« In ihm kribbelte es gefährlich. Wenn der Typ sich noch länger zierte, würde der günstige Moment vorbeigehen, ohne dass

er, Simon, was erreicht hätte. Gerade bog ein teurer Flitzer um die Ecke, parkte in der Nähe ein.

»Nein, ehrlich nicht«, sagte der Typ. »Glaub mir, ich würd' dir ja was geben, aber ich bin pleite.«

Und dann machte er den entscheidenden Fehler. »Tut mir wirklich leid«, wiederholte er, ging einen Schritt auf Simon zu und streckte die Hand aus, als ob er ihn anfassen wollte ...

Wenn einer ihn anfasste, konnte Simon für nichts mehr garantieren. Schon immer hatte er es gehasst. Als er noch klein war, hatte Regina oft versucht, ihn in den Arm zu nehmen oder auf ihren Schoß zu ziehen, aber er hatte sich gewehrt.

Er legte das Gesangbuch auf den Stapel zurück. »Mit meinem Blut das Leben ...« Die Zeile spukte ihm durchs Hirn.

Mit hängendem Kopf, die Hände auf den Knien saß er da. Große Hände, weich und schlapp. Unter den Nägeln schwarze »Trauerränder«, so hatte Regina es genannt. Die Haut an Armen und Händen dunkelbraun gebrannt. Kein Wunder. In den letzten Tagen hatte die Sonne wie verrückt geschienen und Simon war so gut wie immer draußen.

Auf seinen Armen und Handrücken kleine runde Flecken, Narben von irgendwas, auch sie erschienen ihm fast schwarz. Hässliche Punkte, die er nicht gerne ansah, weil sie ihm unheimlich waren und finstere Gedanken in ihm weckten.

»Mit meinem Blut das Leben ...«

Natürlich hatte er das große Kreuz, an dem Jesus festgenagelt war, längst entdeckt. Gleich nachdem er reingekommen war und sich an das Dämmerlicht gewöhnt hatte. Es hing von der Decke runter, einige Meter über dem Tisch. Doch Simon hatte es bis jetzt vermieden, genauer hinzugucken.

Die Geschichte von der Kreuzigung, als sie Jesus die Nägel durch die

Hände geschlagen und ihm Essig zu trinken gegeben hatten, kannte er auch von früher. Er mochte sie nicht. Und die Sache eben am Bahnhof hatte ihn so durcheinandergebracht, dass er an so was überhaupt nicht denken wollte.

Er konzentrierte sich auf die Fenster, auf die Scherbenmuster, die nichts Erkennbares darstellten, nichts, worüber man nachdenken musste. Sie gefielen ihm, weil sie schön bunt waren. Doch plötzlich drang durch das Fenster auf der rechten Seite ein breiter Lichtstrahl, wie ein Scheinwerfer, in dem die Farben der Scherben aufleuchteten, vor allem das Rot einer großen gezackten Scherbe in der Mitte. Feuerrot.

Als Simons Faust mit voller Wucht in das Gesicht des Typen krachte, knirschte es, der andere sackte in die Knie, kippte nach hinten auf den Rücken und blieb liegen. Blut schoss aus seiner Nase, furchtbar viel Blut, das über den Mund und übers Kinn lief, ins saubere Hemd – am Hals war es offen – über den Hals und auf den Boden, wo es sich in Zeitlupe ausbreitete. In Simons Ohren dröhnte es, vor seinen Augen ein Flimmern, lauter rote Feuerpunkte, aber dabei war ihm kalt, eiskalt. Und was dann kam, ging in Sekundenschnelle ab:

Der teure Flitzer hielt in der Parklücke, eine Frau stürzte aus der Tür, ließ sie offen stehen und rannte über den Parkplatz in Richtung Straße. Schon war sie verschwunden, aber Simon wusste, dass sie wiederkommen würde, seinetwegen, er starrte auf seine Faust. Kein Blut dran, das Blut war erst später gekommen, er blickte runter und sah es, es lief immer noch aus der Nase dieses Menschen am Boden, hörte überhaupt nicht mehr auf zu laufen …

Ich muss hier weg!, dachte Simon, aber er schaffte es nicht, seine Beine in Gang zu setzen. Wie gebannt hingen seine Augen an dem weißen Gesicht, … an der unteren Hälfte, rot vom Blut …

Und da passierte es: dieser Loser machte plötzlich die Augen auf.

Sein Blick, klar und dunkel auf Simon gerichtet, war wie vorher, arglos und ... als ob er was sagen wollte. Simon konnte nicht fassen, was er da sah ... keine Wut, noch nicht mal Verachtung ... eher so was wie eine Frage, vielleicht auch Verwunderung ... und was ziemlich Trauriges ... etwa ... Mitleid mit Simon?

Nicht auszuhalten! Simon raste los, und im selben Moment rückte auch die Frau wieder an, die beiden Bullen aus dem Stehcafé im Schlepptau, die sofort hinter ihm herhetzten ...

Er war gerannt wie der Teufel, kopf- und ziellos, wohin sollte er auch? Und jetzt saß er in der Falle.

Er krümmte die Finger, schloss die Hände wieder zu Fäusten.

Wenn er Wut oder Hass in den Augen gesehen hätte ... das hätte er sofort kapiert. Es hätte ihn sogar erleichtert. Denn dann hätte er das Ganze abhaken können, als was Gegenseitiges sozusagen. Aber so!

So ließ es ihn einfach nicht in Ruhe, wühlte ihn auf und brachte Sachen zum Vorschein, an die er gar nicht mehr denken wollte.

Die Sonne knallte jetzt durch das rechte Fenster in die Mitte des Raums, unzählige Staubkörner tanzten in ihrem Licht. Durch das Scherbenmuster warf sie bunte Flecke auf das weiße Tischtuch, die Simons Aufmerksamkeit in die Mitte lenkten und da festhielten. Automatisch hob er den Kopf und sah nun doch zu Jesus am Kreuz rauf.

Und da war er wieder, der Blick!

Das Gesicht unter der Dornenkrone schräg zu ihm runtergeneigt, sodass Simon ihm nicht ausweichen konnte. Die Lider nur einen Spalt geöffnet, schwer vor Müdigkeit, oder vor Schmerz, einem wahnsinnigen Schmerz. Nägel durch die Hände gebohrt! Der Mund geöffnet, als wollte er schreien, aber er schrie nicht, jedenfalls nicht mehr, das wusste Simon, er wusste es genau! Die Lippen, starr vor Entsetzen, brachten keinen einzigen Ton raus.

Der kleine Junge schrie, keine Worte, denn er konnte noch nicht sprechen, er schrie sich die Seele aus dem Leib, dann verstummte er, weil der Schmerz so riesig wurde, dass jeder Schrei darin erstickte.

Vorher hatte er nur gebrüllt, oft brüllte er stundenlang, vor Hunger meistens, oder vor Durst, oder weil sein Hintern wie Feuer brannte. An den Hunger hatte er sich gewöhnt, er konnte es lange ohne etwas zu essen aushalten, aber wenn der große Mann, mit dem er seit Tagen allein war, nicht aus dem Bett kam, wurde der Hunger so schlimm, dass es wehtat. Dann brüllte der Junge. Der Mann vertrug das Gebrüll nicht, es machte ihn wütend. Doch nicht immer kriegte er es mit, manchmal lag er im Bett und rührte sich nicht, ließ den Jungen, der auf dem Boden hockte und die leeren Flaschen von Wand zu Wand rollte, stundenlang brüllen.

»Sei still!«, zischte der Mann.

Doch der Junge hörte nicht auf. Er stand neben dem Tisch, sein Kopf auf der Höhe der Kante, und schrie vor Hunger. Auf dem Tisch ein paar Flaschen, ein Holzbrett mit Brot und Wurst, und die Wurst roch so, dass der Hunger jetzt wehtat.

»Hau ab!«, sagte der Mann. Um ihn qualmte es, aus einer Zigarette und aus seinem Mund, er blies den Qualm durch das Zimmer, trank aus der Flasche, setzte sie hart auf den Tisch, schnitt ein Stück Wurst ab und steckte es zwischen die Zähne. Der Junge brüllte.

»Gib endlich Ruhe, verdammt, sonst stopf ich dir das Maul!« Der Mann schlug mit der flachen Hand auf die Tischkante, dicht neben dem Kopf des Jungen. Dann hackte er auf die Wurst ein, zack, zack, zack machte das Messer, ein paar Stücke sprangen über den Tisch.

Der Junge vergaß zu brüllen, mit großen Augen sah er die Wurststücke fliegen, eins kam auf ihn zu, fiel direkt vor ihm runter. Seine kleine Hand schnappte zu, krallte sich um das Wurststück und stopfte es in den Mund.

»Du elender kleiner Mistkerl!«, brüllte der Mann. Als er aufstand, krachte sein Stuhl nach hinten, er torkelte um den Tisch, seine Füße mussten den Boden suchen. »Dir werd' ich's zeigen!«

Schwankend stand er vor dem Jungen, mit irrem Blick, in der Hand die glühende Zigarette …

»Wurst willst du also?! Na los, dann hol sie dir doch!«

Der Junge duckte sich, er kaute noch an der Wurst, versuchte zu schlucken, aber er kriegte sie nicht runter. Vor Angst begann der Junge zu pinkeln.

»Nimm … jetzt … ein … Stück … Wurst!«, befahl der Mann, seine Hand umklammerte den Arm des Jungen, zerrte die kleine Hand auf den Tisch.

Zu Tode erschrocken gehorchte der Junge, streckte langsam die Finger aus, aber im selben Augenblick näherte sich die zweite Hand des Mannes und mit ihr der rote Feuerpunkt, die Zigarettenspitze, die sich tiefer und tiefer senkte, sich in die Haut des Jungen bohrte, immer, immer wieder.

»Da … hast … du … deine …Wurst!« Mit jedem Wort ein neuer, schneidender Schmerz.

Der Junge schrie. Schrie, bis nichts mehr von ihm übrig war.

Der Blick von da oben, vom Kreuz, es war der helle Wahnsinn, aber Simon war sich ziemlich sicher, dass es derselbe war, derselbe Blick, der ihn bis hierher verfolgt hatte. Einen Moment lang kam es Simon sogar so vor, als ob sich das Gesicht des anderen vor das da oben schob, dann war es wieder weg und nur noch das Gesicht von Jesus da, voll Schmerz, aber trotzdem … irgendwie friedlich, so, als wüsste er über alles Bescheid. Wirklich über alles, auch über ihn, über Simon.

Etwas brach in Simon auf. Zuerst dachte er, es wäre die Wut, weil es genauso heftig war, ihn fast zerriss, aber dann merkte er, dass es etwas ganz anderes war, etwas, womit er nicht gerechnet hatte. Es tat so weh, dass er schreien wollte. Doch es kam nur ein leises Wimmern, dann ein Heulen, das immer lauter wurde und ihn schüttelte, bis er am ganzen Körper zitterte. Er legte den Kopf in die Hände und weinte. Weinte, bis er leer war.

Danach war es still in ihm. So still wie in der Kirche.

Später, als er die schwere Tür nach draußen aufdrückte und leise hinter sich schloss, um sich davonzustehlen, fühlte sich alles in ihm wund an, wie aufgescheuerte Knie. Seine Augen waren geschwollen, die Öffnungen nur noch schmale Schlitze, er blinzelte gegen das Beißen an, auch gegen das Licht, das zu grell war, und blickte sich um.

Der Marktplatz gefüllt mit Leuten, die vor den Cafés saßen, ihre Nasen in die Sonne hielten und keine Notiz von ihm nahmen. Das war auch gut so. Er wollte auf keinen Fall, dass irgendwer mitkriegte, wie verheult er aussah.

Obwohl er total fertig war, so, als hätte er gerade einen schweren Kampf hinter sich, ging es ihm gar nicht mal so schlecht.

Er stand da, noch unschlüssig, was er tun sollte und stellte verwundert fest, dass irgendwas anders geworden war. Er konnte nicht sagen, was, er fühlte es nur. Fühlte es ganz deutlich.

Jetzt konnte er nicht mehr so tun, als ob nichts gewesen wäre ... Er musste unbedingt in Erfahrung bringen, wer der Typ war, den er auf dem Parkplatz zusammengeschlagen hatte, musste wissen, wie schlimm er ihn verletzt hatte und das Ganze irgendwie mit ihm klären.

Aber wie? Zu den Bullen wollte er nicht, das ging ihm zu weit. Vielleicht sollte er im Krankenhaus nachfragen, ob da so einer gelandet war? Nein. Das war bestimmt genauso riskant.

Angelika.

Ihm fiel nur Angelika ein. Aber er hatte ihre Nummer nicht und wusste auch nicht so genau, wo er nach ihr fragen konnte.

Ihm blieb nichts anderes übrig, als zu warten, bis sie von selbst wiederkam, um nach ihm und den anderen zu sehen.

Sie würde kommen, da war er sich sicher.

Und dann …

Würde er mit ihr reden.

Vanamali Gunturu

Kalpana

»Sagt mal, verehrt ihr Hindus wirklich Giftschlangen?«, fragte Andi, der sich seit Kurzem für den Hinduismus interessierte. Er hatte sich auf dem Heimweg von der Schule hinter Kalpana und Dilip hergeschlichen und stellte sich an der Haltestelle neben die Geschwister.

Kalpana sah ihren Bruder ratlos an und merkte sofort, dass er es genauso wenig wusste wie sie. Beide waren hungrig und wollten so bald wie möglich daheim sein und etwas essen. Die Fragen von Andi ärgerten sie. Andi hatte immer schwierige Fragen über ihre Religion auf Lager. »Wie viele Götter habt ihr?«, »Warum hockt euer Gott Shiva halb nackt mit dem Dreizack, den drei Augen und den weißen Indianerstreifen auf der Stirn und auf dem Körper starr unter einem Baum?«, »Warum verehrt ihr die böse Kali, die ist doch ein Dämon«. Seine Frage jetzt mit der Giftschlange war wieder typisch.

»Das wissen wir nicht. Wir haben dir doch schon mal gesagt, dass wir hier in Deutschland geboren sind«, antwortete Kalpana, die schneller als ihr Bruder ihre Sprache wiedergefunden hatte.

»Aber ihr seid doch Hindus! Ihr könnt ja eure Eltern fragen und mir alles erklären.«

»Frag doch Herrn Schlumberger. Er als Lehrer müsste es wissen!«, sagte Dilip, um Andis lästige Fragerei loszuwerden.

»Das habe ich schon getan. Er meint, ich soll euch fragen, ihr seid echte Hindus!«

Die Straßenbahn Linie 17 fuhr ein und befreite die beiden aus der dummen Lage. Sie starrten stumm auf die Bahn und würdigten Andi keines Blickes mehr. Erst als sie eingestiegen waren, riefen sie ihm zu: »Tschüs, Andi!«

»Na gut. Denkt daran, ich halte ein Referat über eure Religion! Tschüs«, rief Andi zurück.

Beide atmeten auf, als die Türen sich schlossen und die Straßenbahn losfuhr.

Aber nach zwei Tagen kam es noch schlimmer. Dilip verschlug es die Sprache, als Herr Schlumberger ihn bat, das Referat über den Hinduismus zu übernehmen.

»Wir sind alle auf dein Referat gespannt und haben viele Fragen«, sagte er mit wohlwollendem Lächeln.

»Was weiß ich, warum die Hindus giftige Schlangen verehren«, sagte der Vater von Dilip und Kalpana am Abend zu seiner Frau. »Nicht weil ich schon so lange in Deutschland lebe und über Gentechnik forsche. Diese Sachen haben mich nie interessiert. Frag mich etwas über die Gene, über den neuesten Stand der Forschung oder was alles noch geplant wird. Aber bitte nicht über Kühe, Schlangen oder Wiedergeburten.«

»Du ziehst dich allzu leicht aus der Affäre, Mahesh. Das ist nicht fair!«, rügte ihn Usha.

»Dasselbe könnte ich dir vorwerfen«, erwiderte Mahesh.

»Nur meine Mutter war religiös in der Familie. Mein Vater hat sich um sein Geschäft gekümmert und wir Kinder haben die Schule besucht und später das College. Dann habe ich dich geheiratet. Wann hätte ich mich mit der Religion beschäftigen sollen?«, verteidigte sich Usha.

Nicht viel anders war es bei Mahesh gewesen. Er erinnerte sich an seine fromme Tante Yashoda, die bei seinen Eltern wohnte, und wie sie die Familie tyrannisiert hatte mit ihren religiösen Verboten und Geboten und mit ihren endlosen Zeremonien. Abgesehen davon hatte er mit der Religion nichts zu tun gehabt. Wie geht es wohl der alten Tante?, fragte er sich kurz. Zum ersten Mal in all diesen Jahren fiel ihm auf, dass die Wände in seiner Wohnung kahl waren. Nur zwei Poster – eins von Franz Marc, der »Blaue Reiter«, und eins von Picasso, »Frau im Sessel«, – hingen im Wohnzimmer. Die Wände in seinem Elternhaus dagegen waren voller Bilder von Göttern und Göttinnen und die Luft war immer vom Duft der Räucherstäbchen durchdrungen, die seine Tante jeden Morgen anzündete und um die Götter schwenkte.

»Dilip ist ziemlich verzweifelt. Sein Lehrer hat ihm das Referat aufgetragen und er fürchtet, dass seine Mitschüler viele Fragen stellen werden. Wenn er kein Hindu wäre, wären ihm die Fragen egal. Aber so sitzt er in der Klemme. Er kann seine Religion nicht verleugnen und kann doch die Fragen nicht beantworten. Es geht um seinen Stolz«, brachte Usha Dilips Lage und damit die ihrer beiden Kinder auf den Punkt.

Mahesh überlegte kurz und sagte: »Na gut. Morgen komme ich früher nach Hause und bereite mit ihm das Referat vor.«

»Aber weißt du, warum Hindus giftige Schlangen verehren?«

»Das weiß ich nicht. Wenn sie wie die Chinesen Schlangen essen würden, hätten wir beide es leichter«, antwortete er müde.

»Was ist mit den Wiedergeburten, mit dem Karma? Was steckt hinter der Verehrung der Kühe, der Affen, der Schildkröten, der Krokodile und und und? Andi wird ihm bestimmt diese Fragen stellen!«

»Vergiss Andi.« Mahesh stand auf.

In Ushas Blick lagen Zweifel. Ihr Mann nahm das alles nicht ernst genug.

Ihre schlimmsten Befürchtungen wurden wahr. Zwar hatte Mahesh seinem Sohn bei der Vorbereitung geholfen. Zwar hatte Dilip in den Büchern über den Hinduismus nachgeschlagen. Vor allem Kalpana hatte aus Sorge um ihren Bruder stundenlang Bücher gelesen und sich Notizen gemacht. Trotzdem mussten alle hilflos feststellen, wie wenig sie über ihre Religion wussten und, was genauso schlimm war, wie wenig ihnen die Bücher nützten. Über die Rolle der Schlangen, der Mäuse, der Affen oder der Wiedergeburt im Hinduismus wussten sie genauso wenig wie vorher.

Der Tag des Referats war da. Natürlich wollte Andi wissen, ob auch die Schnecken in seinem Garten verehrt werden sollten, ob sie wiedergeboren wieder in seinen Garten kommen würden, wenn er sie tötete. Die Sache mit der Wiedergeburt beschäftigte ihn überhaupt sehr.

Sichtlich gedemütigt kam Dilip an diesem Tag nach Hause und wartete mit seiner ebenfalls angeschlagenen Schwester auf seine Eltern.

An diesem Abend saß Mahesh still am Tisch und aß, während Usha sich mit den Kindern unterhielt und sich erkundigte, wie es mit dem Referat gegangen sei. Usha wurde immer trauriger, je mehr Einzelheiten Dilip erzählte. Das Referat hatte in einem Fiasko geendet.

Als sie allein waren, nahm Mahesh seine Frau in die Arme und streichelte ihr über das Haar.

»Mir war nicht bewusst, dass ich eine Pflicht nicht erfüllt habe, die meine Kinder betrifft. Das macht mich unglücklich.« Er schaute in ihr besorgtes Gesicht. Usha schwieg.

»Das müssen wir ändern«, sagte er nach einer Weile entschlossen. Seine Worte hellten Ushas Gesicht auf.

Einige Tage danach rief er sie während ihrer Arbeit an und überraschte sie mit der Nachricht, dass er gerade vier Flugtickets nach Indien besorgt hatte. Sie solle bitte mit ihrem Chef ihren Urlaub regeln. Auf ihre Frage, warum er es nicht mit ihr besprochen habe, lachte er wie ein Kind und sagte: »Wenn wir noch lange darüber nachdenken, sind die Schulferien vorbei. Es wird eine schöne Reise werden. Bis heute Abend!«

Die Überraschung war ihm gelungen, trotzdem konnte Usha sich eine spitze Bemerkung nicht verkneifen. »Na, prima!«, sagte sie schnell noch, bevor er den Hörer auflegte.

Es war nicht einfach für Usha, so kurzfristig Urlaub zu bekommen, bis zum vorletzten Tag zu arbeiten und auch noch alles zu besorgen, was die Familie für die Reise brauchte, samt Geschenken für ihre Verwandten.

»Nicht mehr als zwanzig Kilo pro Person!«, sagte Mahesh zu Kalpana und ihrem Bruder, die am vorletzten Abend eifrig ihre Koffer packten. Die Familie war mit dem Packen noch nicht fertig, als das Telefon klingelte.

Mahesh nahm den Hörer ab. Am anderen Ende meldete sich Rajesh aus Neu-Delhi. Mahesh begrüßte seinen Bruder fröhlich und redete laut und begeistert mit ihm.

»Ich habe dir doch eine E-Mail geschrieben. Übermorgen fliegen wir über Frankfurt nach Delhi«, sagte Mahesh in einem Tonfall, als ob es eigentlich nicht nötig sei, diese Information zu wiederholen.

»Ja. Das weiß ich. Aber … die Tante … Yashoda«, unterbrach ihn sein Bruder.

»Rajesh, ich verstehe dich nicht. Gibt es Probleme?«

Sein Bruder war mitten im Satz, als Tante Yashoda den Hörer an sich riss und mit besorgter Stimme sagte: »Mahesh, sei gesegnet! Von deinem Bruder habe ich erfahren, dass du übermorgen zu uns fliegst. Mir zuliebe, tu es bitte nicht!«

»Wieso denn nicht? Wir beide haben Urlaub genommen, den Flug gebucht, die Kinder freuen sich schon auf die Reise. Sie möchten dich sehen«, sagte Mahesh verwirrt und rang um Fassung.

»Warte bitte noch eine Woche. Übermorgen dürft ihr auf keinen Fall reisen«, sagte die Tante.

»Aber Tante Yashoda, warum nicht übermorgen?«

»Der Tag steht unter einem schlechten Stern. Kein Hindu unternimmt eine Reise an einem solchen Tag. Außerdem steht Jupiter seit zwei Wochen in einem ungünstigen Haus. Das bringt Unglück. Hier finden keine Hochzeiten statt, neue Häuser werden nicht eingeweiht. Alle warten darauf, dass Jupiter sich von der Sonne wegbewegt.«

»Aber Tante, ich bin Naturwissenschaftler. Solche Geschichten interessieren mich nicht«, sagte Mahesh und atmete auf.

»Du bist Naturwissenschaftler und ich bin eine dumme Witwe. Aber weißt du noch, damals hatte ich deinem Bruder verboten, deinen Vater ins Krankenhaus zu bringen. Der Kalender hatte ausdrücklich davon abgeraten, an dem Tag in irgendein Krankenhaus zu gehen. Aber wer hört schon auf mich! Dein Bruder war stur und dein Vater hat das Krankenhaus nicht mehr lebend verlassen.«

Das ärgerte Mahesh. »Und was passiert uns jetzt bitte schön, wenn wir übermorgen fliegen?«

Tante Yashoda überlegte kurz. »Ihr werdet viele Schwierigkeiten haben. Ihr könnt krank werden, bestohlen werden, Unfälle erleben. Was weiß ich?«

»Oder das Flugzeug könnte abstürzen, Terroristen könnten Bomben legen!«, übertraf sie Mahesh und zwinkerte seiner Frau zu.

»Gott verhüte!«, schrie die Tante.

»Freust du dich nicht, uns zu sehen?«, fragte Mahesh mit ruhiger Stimme.

»Natürlich freue ich mich«, sagte die alte Frau, ohne zu zögern.

»Dann also bis übermorgen, tschüs!« Mahesh gab ihr keine Chance mehr weiterzureden. Er legte auf.

»Natürlich fliegen wir übermorgen!«, beruhigte Mahesh Kalpana, die besorgt wissen wollte, wie ihr Vater sich nun entscheiden würde.

»Gut, dass Andi nichts von den Planeten und ihrem Einfluss auf die Flüge weiß, sonst hätte er uns mit noch mehr gemeinen Fragen genervt«, kommentierte Kalpana erleichtert das Telefongespräch.

»Wie soll Jupiter Diebstähle, Autounfälle, Busunfälle und Flugzeugabstürze anstiften, obwohl er so weit weg am Himmel ist?«, fragte Kalpana ihre Mutter, als die Familie am Frankfurter Flughafen auf den Anschlussflug wartete und sich über Tante Yashoda unterhielt.

»Keine Ahnung. Frag die Tante, wenn wir in Delhi sind«, antwortete Usha und schaute das Großraumflugzeug an, das wie ein gestrandeter Riesenwal auf der Startbahn stand. Sie spürte, wie ihr Magen sich zusammenzog.

Vielleicht kann Jupiter Turbulenzen erzeugen und dadurch Unfälle geschehen lassen?, rätselte Kalpana im Stillen weiter.

»Es wäre besser gewesen, wenn deine Tante uns nicht angerufen hätte«, sagte Usha zu ihrem Mann, als sie sich der Maschine näherten.

In München hatte man ihren Flug wegen eines technischen Fehlers annulliert und sie in eine andere Maschine gesetzt. Der Flug nach Frankfurt war unangenehm gewesen. Dilip war sogar schlecht geworden. Kalpana fühlte sich schlapp und klagte über Halsschmerzen. Dabei hatte Usha so sehr gehofft, dass sie auf dieser Reise nicht krank werden würde.

»Großraumflugzeuge fliegen stabiler«, tröstete sie Mahesh.

Wird wirklich nichts passieren? Wer garantiert das? Usha sah ihre Freude an der Reise schwinden.

»Du bist übermüdet. Wenn du dich jetzt im Flugzeug ausruhst, wirst du glücklich und fröhlich in Delhi ankommen«, sagte Mahesh und ging seiner Familie voraus in die Maschine.

»Aber Papa, was haben Planeten mit Religion zu tun?«, fragte Kalpana. Mahesh wusste das ebenso wenig wie Usha. Mit einer »Weiß-ich-nicht«-Antwort ließ er sich neben Usha nieder. Er schlug ein Buch über einen indischen Heiligen auf und begann zu lesen.

Beim Anflug auf Delhi sagte er zu Usha, die sich ängstlich an seine Schulter lehnte: »Unsere Zugfahrt zu diesem Heiligen in Südindien wird dir bestimmt viel besser gefallen.« Dabei deutete er auf ein Bild, das einen halb nackten Mann zeigte, der im Schneidersitz auf einem Felsbrocken vor einem Berg saß und den Leser intensiv anblickte.

»Wie heißt er?«

»Das ist Ramana Maharshi. Ein sehr bekannter, hochgeschätzter Heiliger. Er selbst lebt nicht mehr. Seine Anhänger verehren sein Grabmal am Fuß dieses Berges und haben drum herum ein paar Tempel und ein Kloster gebaut. Ich dachte, wir fahren mit den Kindern dahin, bleiben einige Tage dort und sehen, wie der Hinduismus gelebt wird.«

»Mir ist alles recht. Solange wir nicht wieder fliegen müssen«, sagte Usha und brachte ihren Sitz für die Landung in die aufrechte Position.

Zufrieden betrachtete die Familie die beiden Gepäckwagen, auf die ihre Koffer, Reisetaschen und die Plastiktüten des Dutyfreeshops geladen waren. Mahesh und Dilip schoben sie zu einer Reihe leerer Stühle, die nicht weit von der Gepäckausgabe entfernt standen.

»Wartet hier. Ich tausche Geld um und bin gleich wieder da. Dann fahren wir los«, kündigte Mahesh an und lief in Richtung des Schalters der State Bank of India los. Nach ein paar Schritten jedoch blieb er plötzlich stehen, tastete mehrmals seinen Bauch unter dem Hemd ab und schob beide Hände in die Hosentaschen. Nach dem dritten Mal wurde er unruhig.

»Ist was passiert?«, fragte Usha.

»Nichts. Ich finde den Brustbeutel nicht mehr. Habe ich ihn dir gegeben?« Seine Stimme klang nervös.

»Nein, hast du nicht.« Usha sprang auf. »Unsere Pässe und das ganze Geld!«, sagte sie entsetzt und sah ihm zu, wie er erneut seine Taschen durchwühlte.

Kalpana versuchte sich an jeden Schritt zu erinnern, den sie seit der Landung gemacht hatten. »Vielleicht hast du ihn an der Gepäckausgabe verloren«, sagte sie zu Mahesh.

»Ich gehe schnell hin und sehe nach«, rief Mahesh und eilte zum Förderband. Kalpana und Usha schauten Dilip nach, der kurz entschlossen seinem Vater folgte.

»Ich habe überall gesucht. Er ist nirgends zu finden. Vielleicht hat ihn jemand gefunden und einfach mitgenommen«, sagte ein ziemlich verzweifelter, in Schweiß gebadeter Mahesh, als er nach einer halben Stunde zurückkam und sich auf den Stuhl neben Usha fallen ließ. »Ich weiß nicht, ob wir ohne Pässe hier jemals rauskommen.«

Usha war den Tränen nahe, versuchte aber trotzdem ihren Mann zu beruhigen. Doch es gelang ihr nicht.

»Wir haben nicht einmal Kleingeld, um meinen Bruder anzurufen«, stöhnte Mahesh, als nach einer Weile auch sein Sohn mit leeren Händen zurückkam.

In ihrer Aufregung hatten sie gar nicht bemerkt, dass ein weiß gekleideter alter Herr auf dem Stuhl neben ihnen saß und sie mit einem Lächeln beobachtete.

»Gibt es Probleme?«, fragte er Kalpana freundlich.

Kalpana sah den Herrn an. Sein schulterlanges weißes Haar und der lange weiße Bart, der in Wellen auf die Brust fiel, geboten Achtung.

»Habt ihr Schwierigkeiten?«, fragte er wieder.

»Wir haben unser ganzes Geld und alle Pässe verloren«, antwortete Kalpana.

Der Fremde lächelte und sagte: »Keine Sorge! Ihr findet die Geldtasche wieder.«

Das klang so abwegig, dass Kalpana ihr Gesicht reflexartig von dem Fremden abwandte und wieder den Gruppen von Passagieren nachschaute, die Berge von Gepäck auf Kofferwagen an den Zollkontrollen vorbei zum Ausgang schoben.

»Mein Papa und mein Bruder haben lange nach der Geldtasche gesucht und sie nicht gefunden«, erwiderte Kalpana, mehr um den irrigen Gedanken des alten Herrn zu berichtigen, als ihn über die Sachlage zu informieren. Sie verstand jedoch nicht, ob er ihr zugehört hatte. Seine Augen waren auf einen unsichtbaren Horizont in der Ferne gerichtet.

»Ihr findet sie«, wiederholte der Alte mit ruhiger Stimme.

»Wo?«, mischte sich Usha ungeduldig ein.

Der Fremde schloss seine Augen, als ob er innerlich etwas vor sich sähe.

»Am Fuß einer Säule … neben der Gepäckausgabe … ja. Das ist eure Geldtasche!« Er öffnete seine Augen und sah Mahesh an.

»Ich habe überall gesucht, auch neben den Säulen. Sie war nirgends«, widersprach ihm Mahesh.

Der Fremde strich seinen langen Bart glatt. Der Bart schwoll in Wellen wieder hervor. Er schloss kurz seine Augen.

»Ich sehe einen braunen Brustbeutel«, sagte er, als er seine Augen wieder öffnete.

»Mahesh, renn!«, rief Usha, ohne zu überlegen. Für sie war es keine Frage mehr. Der Fremde wusste, wie ihre Geldtasche aussah. Mit

Riesenschritten entfernten sich Mahesh und Dilip, gefolgt von Ushas ängstlichen Blicken.

»Herzlichen Dank. Der Brustbeutel lag tatsächlich neben einer Säule«, sagte Mahesh keuchend und streckte dem Alten erfreut die Hand entgegen. Der Alte lächelte, dennoch verunsicherte er Mahesh, indem er seine Hand nicht ergriff. Mahesh gewann schnell seine Fassung wieder und stellte ihm seine Familie vor.

»Wir haben diese weite Reise unternommen, um unser Land und unsere Religion kennenzulernen«, erklärte er dem Fremden. Dilip und Kalpana schauten den Alten gebannt an.

»Eine gute Sache.«

»Woher wussten Sie, dass Papas Brustbeutel braun ist und dass er neben einer Säule lag?«, fragte ihn Kalpana erstaunt. Alle vier warteten gespannt auf seine Antwort.

Der Fremde lächelte. »Wenn jemand lange genug Yoga übt, meditiert und sich Gott hingibt, weiß er alles. Wo was liegt, was in dieser Welt geschieht oder geschehen wird.«

»Sind Sie Hindu?«, fragte Kalpana neugierig. Vielleicht weiß er Antworten auf einige unserer Fragen, dachte sie bei sich.

Der Fremde lächelte zur Antwort und schwieg.

Die Familie wusste nicht, ob die Frage vielleicht unhöflich oder gar dumm war. Vielleicht war er einfach nicht besonders gesprächig?

»Wo wohnen Sie in Delhi? Wir würden Sie gerne besuchen oder zu uns einladen«, nahm Mahesh das Gespräch wieder auf.

Der Fremde schloss seine Augen. Mahesh betrachtete sein friedliches Gesicht und suchte nach dem Stift in seiner Brusttasche, um seine Adresse zu notieren.

Nach einer Weile öffnete der Fremde die Augen und sagte: »Wir sehen uns wieder in Benares.«

»Aber wir haben nicht vor, nach Benares zu fahren. Wir wollen eine Woche in Delhi bei meinem Bruder verbringen und dann nach Tiruvannamalai in Südindien fahren«, versuchte Mahesh die Dinge richtigzustellen.

Der Fremde zeigte keinerlei Regung. Einige Augenblicke lang sah er Kalpana intensiv an und wandte sich dann an Mahesh: »Auf dieser Reise kommt ihr nicht in den Süden.«

Mahesh und Usha blickten ihn erstaunt an.

Warum hat er mich so lange angesehen, bevor er das sagte?, wunderte sich Kalpana.

»Wir haben längst die Bahnreise gebucht und Zimmer in Tiruvannamalai reserviert«, sagte Usha zu dem Fremden.

»Sarva dharman parityajya mamekam sharanam vraja!«, zitierte der Fremde leise.

Alle vier sahen ihn verblüfft an.

»Das ist bestimmt Sanskrit. Das verstehen wir nicht!«, sagte Usha enttäuscht.

»Gebt eure Pläne auf und kommt zu mir!«, sagte er, ins Leere blickend.

Wer ist dieser Mann?, fragte sich Kalpana. Er kam ihr nicht wie ein gewöhnlicher Fluggast vor. Neben ihm standen keine Koffer, nicht einmal eine Tasche hatte er bei sich. Er schien auch nicht auf jemanden zu warten. Wie kann er in diesem Menschengewühl so ruhig dasitzen und so scheinbar unbeteiligt ins Leere blicken? Warum sind seine Antworten so knapp?

»Wir fahren mit einem Taxi nach Maharani Bagh in Neu Delhi. Dürfen wir Sie mitnehmen und Sie nach Hause fahren oder irgendwo in der Stadt absetzen? Allerdings muss ich vorher Geld umtauschen.« Mahesh machte erneut einen Versuch, das Geheimnis um den Fremden zu lüften und mit ihm ins Gespräch zu kommen.

»Ich brauche kein Taxi. Aber habt ihr bereits nachgeprüft, ob das ganze Geld noch da ist?«, fragte der Fremde. Weder Mahesh noch Usha waren bis jetzt darauf gekommen, den Inhalt des Beutels nachzuprüfen. Mit einem Ruck öffnete Mahesh den Brustbeutel und beide fingen an, die Reiseschecks und die Geldscheine nachzuzählen. Kalpana und Dilip beugten sich ebenfalls über den Brustbeutel. Glücklich stellten sie fest, dass nichts verloren gegangen war, und wollten es dem Fremden gleich mitteilen.

Der Fremde aber war nicht mehr da. Auch in der großen Halle war er nirgends zu finden.

Schon vom Taxi aus sah Kalpana, dass Tante Yashoda im Garten vor der Haustür saß und auf den Besuch aus Deutschland wartete. Ihre Augen leuchteten auf, als das Taxi vor dem Haus anhielt und die Familie ausstieg. Sie rief Rajesh, damit er beim Ausladen des Gepäcks half.

»Sie hat sich ja kaum verändert!«, sagte Mahesh zu seinem Bruder und reichte ihm einen Koffer.

»Kaum verändert? Sie ist schlimmer geworden«, antwortete Rajesh. »Die Arme hat die ganze Zeit nur an euch gedacht. Sie hat so eine schreckliche Angst um euch gehabt, dass sie seit zwei Tagen fastet und Tag und Nacht pausenlos betet und Lobgesänge auf die Götter singt, damit euch auf der Reise nichts passiert.«

Tante Yashoda begrüßte Kalpana und Dilip mit Küssen und kniff ihnen in die Wangen, bis die beiden vor Schmerz aufschrien. Sie umarmte Usha und Mahesh mit einem Segensspruch und sagte: »Ich hatte Angst um euch. Einen schlimmeren Termin hättet ihr euch nicht aussuchen können. Es ist Gottes Gnade, dass ihr heil und gesund angekommen seid. Wie bin ich froh!«, und zu Mahesh gewandt: »Du bist genauso ungehorsam wie als Kind damals, immer stur und eigensinnig.« Mahesh fielen die Zahnlücken in ihrem Mund auf. Die Arme, dachte er bei sich.

»Aber das alles ist jetzt nicht mehr wichtig. Duscht schnell und begrüßt die Götter im Gebetszimmer, damit wir mit dem Essen anfangen können«, befahl sie und ging eilig in die Küche, um sich um das Essen zu kümmern.

Kalpana und Dilip rannten als Erste in das große Gebetszimmer, das hell und luftig war. Sie betrachteten neugierig den Altar. An den vorderen beiden Ecken des rechteckigen Altars brannten große bronzene Öllampen und beleuchteten verschiedene Figuren, die darauf standen. An der Wand hinter dem Altar hing ein Bild neben dem anderen.

»Das ist Shiva mit dem Dreizack. Also muss die Tante eine Shivaistin sein«, sagte Dilip und zeigte auf ein Bild an der Wand.

»Aber ist diese Figur mit vier Armen, Diskus, Keule und Muschel in den Händen nicht Vishnu? Wenn jemand zu Vishnu betet, ist er ein Vishnu-Verehrer. Also muss die Tante eine Vishnuistin sein«, widersprach Kalpana ihrem Bruder.

»Aber schau nur dahin! Das ist doch die böse Kali!«, schrie Dilip entsetzt.

»Böse Kali! Hab ich richtig gehört?« Yashodas Stimme hinter ihnen erschreckte die beiden. »Seid ihr alle so dumm dort?«, rief sie aus, als sie ins Gebetszimmer trat.

»Entschuldige bitte, Tante. Aber wir haben gelernt, dass Kali ein böser Dämon ist«, sagte Kalpana.

»Unsinn! Die Göttin Kali ist niemand anders als Parvati, die Frau von Shiva. Parvati ist barmherzig. Nur um ihre Anhänger vor Dämonen zu schützen, hat sie diese furchterregende Form angenommen und die Dämonen vernichtet«, antwortete die alte Yashoda und trat an den Altar.

»Wir haben gesehen, dass du Shiva verehrst. Dann bist du also eine Shivaistin, oder?«, fragte Dilip stolz.

»Aber du verehrst doch Vishnu. Bist du nicht eine Vishnuistin?«, fragte Kalpana.

»Ich weiß, warum ihr so denkt. Wie heißt die komische Figur mit dem buschigen Haar und dem großen Bart, wie heißt er noch mal? Hieß er nicht Mars oder Mart oder so ähnlich? Sein Bild hat man vor Kurzem im Fernsehen gezeigt. Ja, ja, Mart. Es mag sein, dass jemand Martist heißt, weil er Mart verehrt«, sagte Yashoda und wollte fortfahren.

»Tante! Du meinst Marx, Karl Marx!«, unterbrach sie Kalpana.

»Woher soll ich wissen, wie sie alle heißen. Aber ich bin noch längst keine Shivaistin oder Vishnuistin, weil ich sie verehre. Ich verehre Shiva und ich verehre Vishnu, Kali, den Affengott Hanuman, den Elefantengott Ganesha. Deswegen bin ich aber noch lange keine Vishnuistin oder Shivaistin, noch Elefantistin!«, versuchte Yashoda aufgeregt klarzustellen.

»Aber so haben wir es in der Schule gelernt«, sagte Dilip.

»Ach du liebe Zeit! Gott sei Dank habe ich nie eine Schule besucht«, lachte Yashoda auf. Dass man dabei ihre vielen Zahnlücken sehen konnte, schien sie nicht zu stören.

»Warum verehrt man eigentlich Tiere – Stiere, Vögel, Mäuse, Krokodile und Kühe?«, fragte Dilip.

»Jede Gottheit hat ein Reittier oder einen Reitvogel, die deswegen heilig sind. Brahma, der Schöpfergott, reitet zum Beispiel auf einem Schwan, Vishnu auf einem Adler und der Todesgott Yama auf einem Büffel. Habt ihr euch Ganesha angeschaut?«, fragte sie und zeigte Kalpana und Dilip eine vierarmige Figur mit Elefantengesicht auf dem Altar.

»Seht ihr die kleine Maus unter seinen Füßen? Sie ist sein Reittier. Lustig, nicht wahr?« Was hätte Andi dazu gesagt? Dilip dachte angestrengt darüber nach.

»Aber Tante! Ganesha ist ja viel zu schwer. Wie soll die kleine Maus ihn mit seinem dicken Bauch tragen?«, fragte Kalpana und musste lachen.

»Ach, Ganesha ist so lieb. Er macht sich wegen seiner kleinen Maus federleicht, damit sie ihn tragen kann. Götter sind überhaupt so lieb und machen so den armen Tieren bloß eine Freude. Wozu brauchen sie sonst Reittiere oder Reitvögel?«, sagte Yashoda und sah Ganesha lange an, wobei ihre Augen feucht wurden. Sie trocknete sie mit dem Sarizipfel und redete weiter.

»Seine Mutter Parvati reitet auf einem Löwen, den alle Tiere im Wald fürchten und hassen. Und ihr Mann Shiva reitet auf dem Stier.« Sie zeigte auf ein Bild an der Wand. Shiva saß mit seinen halb geschlossenen drei Augen im Schneidersitz unter einem Baum und der Stier weidete neben ihm.

»Warum hat Shiva aber Indianerstreifen auf seiner Stirn und auf seinem Körper?«, stellte Dilip ungeduldig die Frage, die ihm schon Andi gestellt hatte.

»Indianerstreifen?« Yashoda runzelte die Stirn und lachte nach einer Weile, als sie die Frage verstanden hatte.

»Du meinst diese Streifen?« Sie zog Dilip nah an Shivas Bild und deutete auf die grauen Striche auf seiner Stirn, seiner Brust und seinen Armen. »Das sind Streifen aus heiliger Asche.«

»Und was haben die zu bedeuten?«

»Shiva ist ja die dritte Gottheit neben Brahma und Vishnu. Es ist ihm zu verdanken, dass alles in dieser Welt vergeht und für das Neue Platz macht. Die Asche an seinem Leib erinnert uns eben an diese Vergänglichkeit. Die Gläubigen denken an Shiva und tragen jeden Tag Asche auf ihre Stirn auf. Und die Asche ist besonders kraftvoll, wenn sie von einem Pilgerort oder aus den Händen eines Heiligen stammt«, erklärte Yashoda. »Ach, wisst ihr was, ihr bekommt jetzt die Asche vom heiligen Swamisuta«, sagte sie und wandte sich einem großen, schön

85

gerahmten Foto zu, das neben dem Altar an der Wand lehnte. Vor dem Bild befand sich eine Dose. Sie öffnete sie und entnahm ihr eine Prise heiliger Asche, rieb sie auf die Stirn von Kalpana und Dilip und warf sich inbrünstig vor dem Bild des Heiligen zu Boden.

Erinnert an etwas, das sie nicht auszusprechen wagte, blieb Kalpana still vor dem Bild stehen und stupste ihren Bruder an. Beide betrachteten staunend den weiß gekleideten alten Mann mit dem schulterlangen weißen Haar und dem langen weißen Bart.

»Die Tante glaubt uns nicht und denkt, dass wir uns bloß über sie lustig machen. Wir sind uns aber sicher, dass es das Bild von dem alten Mann ist, der uns am Flughafen geholfen hat«, beklagte sich Kalpana bei ihren Eltern und schaute schmollend zur alten Yashoda hinüber, die gerade vom Gebetszimmer ins Esszimmer herüberkam.

Mahesh und Usha waren hungrig und freuten sich auf das Essen und auf den Mittagsschlaf, den sie sich nur im Urlaub leisteten.

»Kinder, setzt euch. Wir möchten erst einmal essen und schlafen«, ermahnte sie Usha.

Mahesh begriff jedoch schnell den Ernst der Lage, als er in das tränennasse Gesicht seiner Tante sah. Er hatte die Stimmen seiner Kinder und seiner Tante im Gebetszimmer gehört und war froh gewesen, dass alles anscheinend bestens lief.

»Es ist bestimmt derselbe alte Mann, Papa«, sagte Kalpana, um ihren Vater für sich zu gewinnen.

»Freche Fragen haben sie über meine Götter gestellt und ich habe sie alle ernst genommen und beantwortet«, beschwerte sich die alte Yashoda nach Luft ringend. »Dabei hatte ich nicht den geringsten Verdacht, dass diese Teufel mich bloß auslachen wollten«, sagte sie zu Rajesh gewandt, der seinen Blick unruhig zwischen den Kindern und seiner weinenden Tante wandern ließ.

»Tante Yashoda! Meine Kinder sind nicht frech, ihre Fragen sind ernst gemeint. Sie wollten dich bestimmt nicht ärgern.« Mahesh war ziemlich erregt.

»Schaut euch doch erst einmal das Bild an«, schlug Dilip vor. Widerwillig standen Mahesh und Usha auf und gingen ins Gebetszimmer, zögerlich gefolgt von Yashoda.

Rajesh versuchte inzwischen herauszufinden, womit sie die Tante verärgert haben konnten.

Im Gebetszimmer wurden Mahesh und Usha vor dem Bild des Heiligen Swamisuta ebenso still wie Kalpana und Dilip und betrachteten verwundert den weißhaarigen Alten.

»Hoffentlich stellt ihr keine Fragen über die Indianerstreifen von Shiva«, bemerkte Yashoda spitz.

»Aber Tante Yashoda! Das ist der Mann, der uns am Flughafen geholfen hat«, erklärte Mahesh stockend.

»Wie hat er euch geholfen?«, fragte ihn Yashoda misstrauisch.

»Es war ein langer, turbulenter Flug, und wir waren ziemlich erschöpft, als wir in Delhi ankamen«, begann Mahesh zu erzählen.

»Setzt euch vor Swamisuta hin und erzählt mir alles«, bat die Tante, setzte sich selbst auf den Boden und blickte ihren Heiligen liebevoll an.

Als Mahesh und Usha mit der Erzählung fertig waren, standen Yashoda wieder Tränen in den Augen. Sie warf sich vor dem Heiligen nieder und flüsterte voll Wonne: »Du hast mich erhört! Danke, danke! Du hast nie deine Hütte verlassen, aber um deinen Kindern zu helfen, bist du überall. Danke, danke!« Sie richtete sich auf und rief laut: »Rajesh, oh Rajesh! Komm sofort hierher!«

Als Rajesh mit Kalpana und Dilip das Zimmer betrat, befahl sie ihnen: »Setzt euch hierhin!«, und bat Mahesh und Usha: »Erzählt eure Geschichte noch mal von Anfang an. Dieses Dummchen hat mir nie geglaubt, dass der Heilige Wunder vollbringt.«

Mahesh und Usha erzählten es wieder, diesmal noch ausführlicher als vorher, und die Tante lachte und kommentierte fast jeden Satz mit Ausrufen wie: »So ist es«, oder: »Wegen Jupiter musste das so sein«, oder: »Gott sei Dank!«.

»Kinder! Von eurer Geschichte bin ich satt geworden, ich habe keinen Hunger mehr. Aber ihr müsst jetzt essen. Steht auf und kommt schnell zu Tisch. Heute Nachmittag besucht mich Tayaru. Ihr müsst ihr eure Geschichte erzählen. Sonst bin ich euch böse!«, sagte sie und eilte in die Küche, ohne auf eine Antwort zu warten.

»Aber erst, wenn wir uns ausgeruht haben!«, riefen ihr Mahesh und Usha hinterher.

Yashoda schien sich dafür nicht zu interessieren.

Mahesh machte ein nachdenkliches Gesicht. Kalpana sah ihm an, dass ihn irgendein Gedanke beschäftigte. Als das Essen serviert wurde, begann Mahesh ein Gespräch mit Yashoda.

»Tante Yashoda, du kannst mir glauben, ich habe in vielen Restaurants in ganz Europa gegessen, aber nirgends schmeckt das Essen so lecker wie bei dir«, lobte er die Tante. Kalpana spürte, dass dies nur ein Auftakt war zu dem, was ihr Vater eigentlich sagen wollte.

»Ach du liebe Zeit! Er vergleicht mein Essen mit dem Essen von Kirastanis. Sag mal, Mahesh, bist du Kirastani geworden?«

»Oh nein, Tante. Ich bin kein Christ geworden. Ich gebe zu, dass ich meine Kinder nicht besonders hinduistisch erzogen habe. Aber das ist auch alles.«

»Dann ist es ja in Ordnung!«

»Aber ich wollte dich etwas fragen. Warum ist es ein Wunder, wenn der heilige Swamisuta uns am Flughafen hilft? Es gibt doch einige nette Menschen in der Welt und sie helfen anderen Menschen in Not. Er hat gesehen, dass wir in Schwierigkeiten waren, hat gewusst, wo die

Geldtasche lag, und hat es uns gesagt. Warum sollte das ein Wunder sein?«

»Das ist durchaus möglich«, unterstützte Rajesh seinen Bruder.

»Du meinst, der heilige Swamisuta ist zufällig im Flughafen gewesen, hat eure Geldtasche hinter einer Säule liegen sehen und ist zu euch gekommen, um euch Bescheid zu sagen. Nicht wahr?«, fasste Yashoda Maheshs Zweifel zusammen.

»Es könnte ja so sein«, sagte Mahesh vorsichtig.

Usha protestierte. »Woher sollte er bei so vielen Menschen wissen, dass die Geldtasche uns gehört? Außerdem hattest du vorher mit Dilip überall gründlich gesucht und sie nicht gefunden! Deine Zweifel sind unangebracht!«

»Wartet einen Augenblick«, sagte die alte Yashoda und ging ins Wohnzimmer, um nach ein paar Sekunden mit einer Tageszeitung zurückzukommen. Sie schlug eine Seite auf und gab sie Mahesh.

»Lies mal diesen Bericht vor!«, sagte sie zu ihm.

»Der heilige Swamisuta leitet in Benares ein siebentägiges Feueropfer für den Weltfrieden«, las Mahesh die Schlagzeile vor. Neben der Schlagzeile sah man das Bild eines alten Herrn, der von einem Meer von Menschen umgeben vor einer Feuerstelle saß und mit einem langen Schöpflöffel Flüssigkeit ins Feuer goss. Mahesh stellte fest, dass die Zeitung vom vergangenen Tag war, und las den Bericht vor:

»Der von Millionen Anhängern als Heiliger verehrte Swamisuta begann gestern in Benares ein Feueropfer ›für den Frieden und das Wohlergehen aller Menschen der Welt‹. Wie die Organisatoren ankündigten, wird er sieben Tage lang rund um die Uhr an der Feuerstelle sitzen und das Opfer durchführen. Der Heilige, der nur selten seine Hütte am Ufer des Ganges verlässt, erklärte den Journalisten kurz vor dem Beginn des Feueropfers, dass Frieden und Gewaltlosigkeit die wichtigsten Beiträge des Hinduismus zur Wertegemeinschaft der Welt seien … In der jetzigen Zeit der Kriege der Kulturen seien alle aufgefordert sich auf Frieden und Gewaltlosigkeit zu besinnen und sie zu pflegen.« Mahesh überflog den Rest des Berichts.

»Also war er gestern eigentlich in Benares«, sagte Usha, als Mahesh aufgehört hatte zu lesen.

»Wie kann er in Benares sein und gleichzeitig auch euch am Flughafen in Delhi helfen? Ich weiß nicht, was ich davon halten soll«, meldete Rajesh seine Skepsis an.

Kalpana erinnerte sich daran, was sie einmal bei Herrn Schlumberger gehört hatte.

»Unser Lehrer hat uns einmal von den katholischen Heiligen Pater Pio und Don Bosco erzählt. Von diesen Heiligen berichtet man, dass sie gleichzeitig an mehreren Orten erschienen sind.«

»Ich verstehe«, sagte Rajesh. »Ich sehe, dass es in Deutschland gar nicht an Tanten mangelt.«

»Doch, wir hätten die Tante gerne bei uns in Deutschland!«, antworteten Kalpana und Dilip einstimmig.

Kalpana und Dilip hatten einfach keine Lust, Mahesh und Usha zu begleiten, wenn sie ihre alten Freunde in Delhi besuchten. Sie hatten auch gar keine Lust darauf, deren Kinder kennenzulernen. Lieber fuhren sie mit Yashoda zum Ayyappa-Tempel, zum Vishnu-Tempel oder woandershin. Bald hieß es: »Wir haben keine Zeit. Im Ramakrishna-Kloster gibt es einen Vortrag über die Bhagavadgita. Die Tante hat versprochen, uns mitzunehmen.« Immer gab es in der Nachbarschaft irgendeine Zeremonie oder gemeinschaftliche Lobgesänge auf die Götter, zu denen sie mit Yashoda eingeladen waren. Und noch etwas lockte die beiden: Man bekam am Ende jedes Treffens, nach jeder Zeremonie und am Ende jedes Gottesdienstes etwas von den Opfergaben – meistens waren es Süßigkeiten – zu essen.

Abends erzählten sie ihren Eltern begeistert von ihren Tempelbesuchen. Vom Vishnu-Tempel und den Mythen von Vishnu, von seinen Verkörperungen als Fisch, Schildkröte oder Eber, oder von Narasimha, der halb Mensch und halb Löwe war. Warum er diese Gestalten annahm und welchen Dämon er töten wollte. Stolz erzählten sie ihren Eltern: »Ach, den Fikusbaum verehrt man, weil in ihm Brahma, Vishnu und Shiva wohnen«, oder: »Die Kuh gilt als das heiligste Tier, weil sich alle Götter und Göttinnen in ihr befinden«, oder: »Wisst ihr, warum das Krokodil heilig ist? Weil das den heiligen Fluss Ganges verkörpert!«

»Die Reise ist ein Riesenerfolg, eigentlich können wir schon zurückfahren«, sagte Mahesh zu seiner Frau, die sich müde neben ihn legte.

»Aber ich freue mich auf unsere Reise nach Tiruvannamalai.«

»Hier ist es so gemütlich. Es graut mir vor der Bahnfahrt! Mehr als zweitausend Kilometer nach Süden!«

»Nachmittags steigst du hier ein, schläfst die Nacht durch und am nächsten Mittag bist du in Madras. Eine weitere Taxifahrt von nicht mehr als sechs Stunden und schon bist du in Tiruvannamalai«, versuchte Mahesh seine Frau zu beruhigen.

»Das ist bereits übermorgen!«, sagte Usha und zog sich entsetzt die Decke über die Ohren.

Sie wollten nichts tun außer im Bett liegen bleiben. Das späte Frühstück, der warme Vormittag, die Nachtzugfahrt, das geräumige Hotelzimmer mit den großen Betten und das dämmrige Licht, das durch die Staubschicht auf den matten Fensterscheiben ins Zimmer fiel, erzeugten Faulheit. Niemand von ihnen hatte Lust, jetzt auf die Straße zu gehen und die Stadt zu erkunden. Außerdem hatte Kalpana im Zug wieder eine Halsentzündung und das übliche Fieber bekommen. Sie hörte, wie ihr Vater sich auf dem Nachbarbett rekelte und gähnte.

91

»Eigentlich wollten wir nach Tiruvannamalai im Süden fahren, gelandet sind wir aber in Benares«, sagte Kalpana zu ihrem Vater.

»Sonderbar! Genau wie der Fremde es uns vorausgesagt hat«, meinte Mahesh zu Kalpana.

Am Tag zuvor hatte Kalpana mit Dilip und ihren Eltern am Nachmittag im Zug in Neu Delhi gesessen und sich auf die lange Fahrt nach Madras gefreut. Aber der Zug war einfach nicht losgefahren. Zwei Stunden lang hatte sie sich mit ihrem Bruder im Zugabteil gelangweilt und zugesehen, wie Usha immer ungeduldiger geworden war. Plötzlich hatte es geheißen, es gäbe eine Bombendrohung, und alle hatten Hals über Kopf den Zug verlassen müssen. Der nächste Zug nach Madras sollte erst gegen zehn Uhr abends fahren. Mahesh war völlig ratlos gewesen. Da erfuhr er zufällig, dass in dreißig Minuten ein Zug nach Benares fahren würde. Ohne groß zu überlegen, war die ganze Familie umgestiegen. Heute früh waren sie also hier in Benares gelandet.

War das nun Schicksal? Oder war es vielleicht der Einfluss der Planeten oder vielleicht das Karma?, fragte sich Kalpana. Es machte ihr ein bisschen Angst, dass ihre Eltern auf diese Reise keinen Einfluss zu haben schienen. Sollte sie darüber mit der Tante reden?

Mahesh und Usha hatten auf der Zugfahrt im Reiseführer über Benares geblättert, obwohl sie, wie die meisten Hindus, die Bedeutung dieser Pilgerstadt kannten. Sie wussten, dass es hier einen wichtigen Shiva-Tempel gab und die Badestellen am Ganges als besonders heilig galten. Sie konnten im Ganges baden, Tempel besuchen und einen Ausflug zum Gazellenpark in Sarnath machen. Dort konnte man neben den Ruinen alter buddhistischer Klöster auch die Stelle besichtigen, an der der Buddha nach seiner Erleuchtung seine erste Predigt gehalten hatte. Vor allem konnten sie die Hütte von Swamisuta ausfindig machen und ihn besuchen. Wir sehen uns in Benares wieder, hatte er ja prophezeit!

Jemand klopfte an die Tür.

Mahesh verließ das Bett, ging ins vordere Zimmer und öffnete die Tür. Ein stämmiger, kleiner Mann mit buschigem grauen Haar, das er zu einem Zopf gebunden hatte, und langem grauen Bart stand vor der Tür und blickte ihn an. Ein etwa ein Euro großer roter Punkt auf der Stirn ließ seinen starren Blick feierlich erscheinen.

Nachdem er Mahesh einige Augenblicke lang angesehen hatte, begann er zu reden.

»Oh großer Herr! Sie haben eine lange Nase. Aber sie ist leicht nach links gebogen. Also haben Sie, oh großer Herr, im Inland studiert, aber arbeiten tun Sie in fremden Ländern. Verdienen tun Sie gut, oh Herr, und genießen Frieden in Ihrer Arbeit. Sie besitzen ein Fahrzeug mit vier Rädern und Ihr Name ist bei Geldinstituten bekannt. Diese Reise haben Sie unter einem unglücklichen Stern angetreten. Aber, was sehe ich da?«, unterbrach er sich nachdenklich.

Mahesh fühlte sich unwohl, als ob er einem unerwarteten Gespräch mit einem Anrufbeantworter am anderen Ende der Leitung ausgesetzt worden wäre.

»Oh großer Herr, bitte zeigen Sie mir einmal Ihre Hand. Bloß einmal und dann weiß ich alles.«

»Sind Sie etwa auch so eine Art Heiliger?«, fragte Mahesh erstaunt.

»Der große König lacht mich aus! Ich bin nur Ihr ergebener Astrologe und Handleser«, sagte der Mann.

Mahesh atmete auf und streckte dem Mann seine Hand hin. Der Mann sprach lange über Maheshs Elternhaus, seine Kindheit, seine Krankheiten damals und jetzt, über seine Frau und ihr Elternhaus.

»Sie haben zwei Kinder und die Tochter ist oft krank«, sagte er zum Schluss. »Und zwar im Kopfbereich.«

Kalpana schob den Vorhang beiseite und trat mit Usha zusammen ein.

»Könnten Sie bitte auch ihre Hand lesen?«, fragte Usha den Mann und zeigte auf ihre Tochter.

»Mit großem Vergnügen, oh große Königin! Das Karma Ihrer Tochter hat Sie zu dieser heiligen Stadt gezogen. Ich erzähle Ihnen alles über sie. Aber bestellen Sie mir bitte einen Kaffee. Ohne Kaffee sehen meine Augen nicht scharf genug.«

Er wartete schweigend, bis der Hoteldiener ihm eine Tasse Kaffee serviert hatte. Im Schweigen war er genauso beharrlich wie im Reden. Bevor er den ersten Schluck nahm, sagte er zu Mahesh: »Es ist kein Zufall, dass diese kleine Königin Ihre Tochter ist. Über sieben vergangene Leben kennt diese kleine Königin Sie. Daher ist sie wieder zu Ihnen gekommen.« Er schlürfte den heißen Kaffee in Sekunden aus und zufrieden mit seiner Leistung blickte er seinen Gastgeber triumphierend an.

»Warum erst seit sieben Leben, warum nicht seit siebzehn oder siebzig Leben?«, fragte ihn Mahesh.

»Damals, vor sieben Leben, mein großer Herr, war sie ein kleines Dorfmädchen und war in den Wald gegangen, um Brennholz für ihre Mutter zu sammeln. Sie verlief sich und fand den Weg zurück ins Dorf nicht mehr. Es wurde dunkel und sie hatte Angst vor wilden Tieren, vor allem vor den Tigern, die immer wieder die Rinder im Dorf töteten. Als plötzlich der Wald vom Brüllen eines Tigers widerhallte, weinte sie und rief um Hilfe.«

Usha blickte ihre Tochter besorgt an, als ob sie ein fremdes Mädchen wäre, das sich in Not befand.

»Wo war ich denn? Was habe ich mit dieser Geschichte zu tun?«, fragte Mahesh.

»Oh großer Herr! Sie waren damals ein Fürst. Sie hatten gerade eine Schlacht gegen die Briten verloren und waren auf der Flucht durch den Wald. Sie haben das Mädchen gehört und es gerettet. Sie haben Ihr Fürstentum, Ihre Armee und Ihre Familie verloren. Alle haben Sie verlassen, nur dieses kleine Mädchen nicht.« Der Wahrsager deutete mit seinem Zeigefinger auf Kalpana. »Sie pflegte Sie bis zu Ihrem Lebensende und ist in jedem folgenden Leben zu Ihnen zurückgekommen.«

Kalpana sah, wie Mahesh die Sprache wegblieb und seine Augen vor Rührung feucht wurden. Er legte seinen Arm um sie und drückte sie an sich.

Kenne ich Papa so lange? Länger sogar als die Mama?, fragte sich Kalpana überrascht.

»Wo war ich denn?«, fragte Usha.

Der Astrologe ignorierte ihre Frage und untersuchte Kalpanas Hand aufmerksam. »In ihrem vorletzten Leben hat sie ein Verbrechen begangen und leidet jetzt darunter. Oh großer König, es hat damals im Land eine schlimme Dürre geherrscht und Tausende von Männern, Frauen und Kindern sind an Hunger gestorben. Dieses Mädchen war damals Mutter von sechs Kindern und hatte nichts zu essen. Sie ist in einen Shiva-Tempel geschlichen und hat den Schmuck der Gottheit gestohlen, um ihre Kinder zu ernähren. Auf Ihrer Tochter liegt der Fluch des Tempelpriesters, der die Schuld auf sich nehmen und bis zu seinem Lebensende dafür büßen musste. Das ist das unausweichliche Karma, oh großer Herr, das Ihre Tochter seitdem verfolgt und sie unheilbaren Krankheiten aussetzt.« Er sah sich Kalpanas Hand noch einmal an. »Sie leidet an Kopfschmerzen, Halsschmerzen, Erkältungen und Fieber.«

Usha konnte sich nicht mehr zurückhalten. »Seit ihrem fünften Lebensjahr. Bis dahin war sie kerngesund. Seit ihrem fünften Geburtstag hat sie immer wieder Halsentzündung. Wir waren bei verschiedenen Spezialisten. Aber wirklich gesund ist sie nicht geworden. Und jetzt ist sie wieder krank«, erzählte sie dem Astrologen die Leidensgeschichte ihrer Tochter.

»Ärzte können ihr nicht helfen, oh große Königin. Sie können ihr

Tabletten geben oder den Hals operieren. Aber den Fluch des Priesters können sie nicht lösen«, sagte er und ließ Kalpanas Hand los.

»Das ist vielleicht das Karma!«, seufzte Usha.

»Vielleicht ist es das Karma. Wir versuchen schon lange ihre Halsentzündung medizinisch zu behandeln. Aber sie wird nicht gesund und wir sind verzweifelt«, fasste Mahesh Kalpanas Lage zusammen. »Was sollen wir tun? Zu keinem Arzt mehr gehen und Kalpana nicht mehr behandeln lassen?« Er richtete seine Frage eher an seine Frau als an den Astrologen. »Gegen das Karma kennt man vielleicht keinen Rat, trotzdem können wir nicht auf Ärzte verzichten.«

»Oh großer König! Es gibt einen Rat. Sie werden ihn aber nicht befolgen, weil sie denken, dass ich ein dummer Wahrsager bin.« Der Astrologe wandte sich zum Gehen und bat ergeben um fünfzig Rupien.

Ich soll Schmuck gestohlen haben?, fragte sich Kalpana. Sie schloss ihre Augen und versuchte angestrengt, sich den Tempel und ihre Kinder in Erinnerung zu rufen. Aber es geschah nichts.

»Wie kommt es, dass ich mich an diesen Diebstahl nicht erinnern kann?«, fragte sie den Astrologen.

»Die Seele vergisst ihre früheren Leben, kleine Königin.«

»Aber ich möchte mich an alle meine Leben erinnern können«, sagte Kalpana. »Wie bekomme ich meine Erinnerung zurück? Können Sie irgendwie dafür sorgen?«, fragte sie ihn wieder.

Verlegen sah der Astrologe Kalpana an.

»Nein. Ich bin ein bescheidener Astrologe, der nur die Handlinien und die Planeten kennt und sie versteht, oh kleine Königin. Mehr nicht. Nur eine erleuchtete Seele, ein Heiliger, kann Ihnen Ihre Erinnerung zurückgeben.« Er stand auf, um sich zu verabschieden.

Usha bat ihn zu bleiben und ihrer Tochter einen Ausweg aus dem Fluch zu zeigen. Der Astrologe bat um weitere fünfzig Rupien und versprach am nächsten Tag wiederzukommen und mit Kalpana eine

Pipalbaumzeremonie zu machen. Dafür müsse die Familie aber bereit sein, mit ihm in das nächste Dorf zu fahren.

»Es tauchen viele Hindernisse auf, wenn man versucht, das Karma zu löschen. Die Natur leistet Widerstand dagegen. Es kann auch sein, dass Sie in Ihrem Entschluss schwankend werden, oh großer König. Es würde mich nicht überraschen, wenn Sie morgen gar keine Zeremonie durchführen wollen!«, sagte er zum Abschied und verließ das Zimmer mit guten Wünschen für Kalpana.

Etwa eine Stunde danach begann es in Riesentropfen zu regnen. Eigentlich hatten Mahesh und Dilip bummeln gehen wollen, aber jetzt, angesichts des Regens, blieben sie im Hotel. Später sahen sie, wie das Regenwasser die enge Gasse vor dem Hotel überflutete.

Als sich die Familie am nächsten Morgen nach dem Frühstück ins Taxi setzte und in die Stadt fahren wollte, fing es wieder an zu tröpfeln. Das Tröpfeln wurde immer heftiger, bis man aus dem Taxi nur noch einen Regenschleier sah. Sie gaben ihre Pläne auf und entschieden sich, nach Kalpanas Arztbesuch wieder ins Hotel zurückzukehren und dort auf den Astrologen zu warten.

»Wie geht es der kleinen Königin?«, fragte der Astrologe, als er das Vorzimmer betrat. Er zog aus seiner regennassen Stofftasche eine nagelneue Kupferschale und zeigte sie Kalpana und ihren Eltern. »Wenn der Regen ein wenig nachlässt, fahren wir nach Rampur und machen dort die Zeremonie«, sagte er zu dem Ehepaar, das eingeschüchtert dastand. »Es ist nicht sehr weit. Rampur ist ein kleines Dorf, oh großer König, nur fünfzehn Kilometer den Fluss abwärts. Wir fahren vielleicht eine Dreiviertelstunde den Ganges entlang und kommen dort zu dem alten Pipalbaum.« Als er den Pipalbaum erwähnte, schlossen sich seine Augen und ehrfürchtig verbeugte er sich vor dem Baum in seiner Vorstellung.

Auch auf der Taxifahrt beschäftigte der Pipalbaum den Astrologen. Er erzählte der Familie und sogar dem Taxifahrer, dass alle Götter im Pipalbaum wohnten. In seinen Wurzeln wohne der Schöpfergott Brahma, in seinem Stamm der Erhalter des Universums Vishnu und in seiner Krone der Zerstörer Shiva. In seinen Zweigen wohnten verschiedene Götter, die Kraft des Pipalbaums sei unbeschreibbar.

Aber Kalpana verstand nicht, warum nicht irgendein Pipalbaum in Benares genügte. Warum musste man so weit zu diesem Baum fahren?

»Das können Sie nicht wissen, oh kleine Königin. Unter diesem Baum hat vor vierzig Jahren ein großer Heiliger meditiert und mystische Erfahrungen gemacht. Die Meditation unter einem Pipalbaum ist hundertmal kraftvoller als woanders, nicht wahr«, sagte er, als ob er seine Zuhörer nur an eine allgemein bekannte Tatsache erinnern wollte.

»Während er unter dem Baum reglos meditiert hat, haben göttliche Kobras um ihn herum einen Erdwall gebaut und ihn versteckt. Nach vielen mystischen Erfahrungen hat der Heilige den Pipalbaum verlassen, aber die Kobras sind beim Pipalbaum geblieben, und daher gilt der Baum als besonders verehrungswürdig, oh kleine Königin«, erklärte der Astrologe.

Zu ihrer Überraschung erfuhren sie bei näherer Befragung, dass der Heilige, der unter dem Pipalbaum meditiert hatte, Swamisuta hieß. Es war der Gleiche, über den sie den Bericht in der Zeitung gelesen hatten. Der Astrologe erzählte, dass der Heilige in dem Dorf Cetangaon, zehn Kilometer von Rampur entfernt, wohnte.

Als sich das Taxi Rampur näherte, sahen alle den riesigen Pipalbaum in der Ferne mitten in Reisfeldern stehen. Das Laub seiner weit ausgefächerten Äste war so dicht, dass er einen ungewöhnlich tiefen Schatten warf. Kalpana fragte sich, ob sie diesen Baum bereits in einem früheren Leben gesehen haben könnte. Sie wollte den Heiligen bitten, ihr die Erinnerung an ihre früheren Leben zurückzugeben.

Der Regen vorhin war sehr heftig gewesen und daher war überall rechts und links von der Straße nur Wasser zu sehen, in das die Reisfelder getaucht waren. Der Astrologe wollte noch im Dorf Kuhmilch besorgen und dann mit der Familie hundert Meter durch das Wasser zum Pipalbaum waten, um dort die Zeremonie durchzuführen. Nur Ushas heftige Proteste brachten ihn von seinem Vorhaben ab.

»Ich habe Sie gestern gewarnt, dass die Natur großen Widerstand leistet, wenn man das Karma zu löschen versucht«, sagte er, als er unzufrieden wieder ins Taxi stieg. Alle wollten aber weitere zehn Kilometer zum Dorf des heiligen Swamisuta fahren.

Dunkle Wolken beschatteten die Landschaft mit ihren Reisfeldern, Zuckerrohr- und Obstplantagen und ließen immer wieder dicke Regentropfen herabfallen. Der Astrologe erklärte, wie bescheiden der Heilige in seiner Hütte lebte und wie er den Dorfbewohnern zuliebe in dem Dorf geblieben sei, obwohl er längst dieser Welt entsagt hätte. Eigentlich habe er nach seiner Erleuchtung in den Himalaja ziehen wollen. Aber die Dörfler, die sich um ihn gekümmert hatten, als er ein Bettelmönch war, hätten ihn dazu überredet, bei ihnen im Dorf zu bleiben.

»Kann es wirklich derselbe sein, der uns am Flughafen erschienen ist?«, fragte Kalpana den Astrologen, dem sie von ihrer Begegnung erzählt hatte. Je mehr sie über diese Frage nachdachte, umso stärker wurde ihr Wunsch, den Heiligen zu sehen.

»Wer weiß? Es ist genauso schwierig, den Anblick des heiligen Swamisuta zu bekommen«, antwortete der Astrologe Kalpana, als alle in Cetangaon aus dem Taxi ausstiegen, »wie das Karma zu mildern.«

Hunderte von Menschen, Alte, Junge, Dorfbewohner, Städter und viele Familien, standen unter den Bäumen vor der Hütte des Heiligen und warteten geduldig auf seinen Anblick.

»Warum wollen so viele Menschen den Heiligen sehen?«, fragte Kalpana den Astrologen erstaunt.

»Der Anblick eines Heiligen ist heilbringender als jeder heilige Fluss und jede Pilgerstadt«, antwortete ihr der Astrologe.

Zwei Schüler des Heiligen standen neben der angelehnten Tür und bewachten sie. Der Astrologe fand schnell heraus, dass Swamisuta seit vier Tagen die Hütte nicht verlassen hatte und alle auf sein Erscheinen warteten. Es hätte ihnen schon genügt, wenn er sich nur einmal an der Tür gezeigt hätte. Nach einer halben Stunde fing es wieder heftig an zu regnen und die Familie stieg ins Taxi, zunächst um sich vor dem Regen zu schützen, doch dann entschieden sie sich, zum Hotel zurückzufahren.

Vor dem Hotelzimmer sagte der Astrologe zu der enttäuschten Familie: »Es muss nicht jeden Tag regnen. Morgen wird es sonnig. Ich komme morgen früh und hole Sie ab.« Damit verabschiedete er sich.

Die ganze Nacht hatte es hin und wieder geregnet. Alle hatten schlecht geschlafen. Zu vieles ging ihnen durch die Köpfe. Sie frühstückten schweigend. Kalpana ging die Frage nicht aus dem Sinn, ob das mit ihren vergangenen Leben und dem Diebstahl möglich sein konnte.

Mahesh und Usha waren sich nicht sicher, ob sie bei diesem Regenwetter die Fahrt nach Rampur nicht sein lassen sollten. Aber der Astrologe traf sie im Speisesaal und kündigte an, dass der Taxifahrer auf sie wartete. So war ihnen die Entscheidung abgenommen worden. Als sie die Stadtgrenze von Benares hinter sich ließen, brach die Sonne durch die Wolken und der blaue Himmel setzte sich allmählich durch.

Bald machte der Astrologe sie wieder auf den gigantischen Pipalbaum aufmerksam, der mit seinen riesigen Ästen und Blättern in der Sonne glänzte. In den Feldern stand kaum noch Wasser. Der Astrologe ließ die Familie im Dorf aussteigen und führte sie über einen matschigen Feldweg zu dem Ehrfurcht gebietenden Pipalbaum. Um den Baum herum befanden sich mannshohe Ameisenhaufen.

»In den Ameisenhaufen leben Kobras«, sagte der Astrologe beiläufig zu Mahesh und entnahm seiner Stofftasche die Kupferschale und eine Milchflasche. Er begann mit der Zeremonie. Er bat die Familie, ihre Schuhe auszuziehen und reinigte zunächst die Umgebung, indem er Wasser aus einem Becher auf sich, die Familie und die Erde sprengte und dabei Sanskrit-Gebete rezitierte. Dann schüttete er Milch aus der Flasche in die Kupferschale und zündete ein Öllämpchen an. Danach bat er Kalpana, einundzwanzig Mal mit der Milchschale um den Baum herumzugehen, und folgte ihr, die uralten Sanskrit-Gebete rezitierend. Als sie nach dem einundzwanzigsten Rundgang leicht schwindelig dastand, bat er sie, die Milchschale vor den Baum zu stellen und sich neben sie auf den Boden zu setzen. Kalpana saß da und dachte an ihre Fragen.

Der Astrologe beschwor jetzt mit uralten Hymnen die unsichtbaren Götter, die in dem Baum wohnten. Als er mit der Rezitation der letzten Hymne fertig war, bat er Kalpana, den riesengroßen Baumstamm mit der Milch zu begießen und ihn liebevoll wie die eigenen Eltern zu umarmen. Als Kalpana die Milch ausgegossen hatte und den Baum umarmte, sah die Familie entsetzt, wie eine Schlange ihren Kopf aus einem Ameisenhaufen herausstreckte und nervös züngelnd um sich schaute. Erschrocken näherten sich Usha und Mahesh ihrer Tochter. Der Astrologe warf sich jedoch inbrünstig vor dem Baum zu Boden.

Als er wieder aufstand, war die Schlange nicht mehr zu sehen, sie hatte sich in ihre Höhle zurückgezogen.

»Der Pipalbaum hat dich von deinem Karma erlöst. Der Anblick der Kobra war das Zeichen dafür. Mögest du bald gesund werden, heiraten und Mutter vieler Kinder werden«, segnete er Kalpana und führte die Familie wieder ins Dorf zurück, wo das Taxi auf sie wartete.

Kalpana spürte, wie eine schwere Müdigkeit sie überfiel. Wie Nebelschwaden lösten sich ihre Fragen auf. Auf der Fahrt nach Cetangaon schlief sie im Taxi ein.

Die Menschenmenge vor der Hütte des Heiligen war nicht kleiner als gestern. Der Astrologe fand schnell heraus, dass sich der Heilige seit gestern nicht gezeigt hatte. »Sie haben keinen Grund, traurig zu sein, dass Sie gestern nicht lange auf ihn warten konnten«, sagte er und setzte sich auf einen Stein im Schatten eines Baums.

Nach einer Weile hörte man, wie ein Gläubiger ein gefühlvolles religiöses Lied anstimmte: »Oh, unser Behüter! Zeig dich uns einmal!« Einige andere schlossen sich ihm an. Nach ein paar Minuten waren alle Wartenden von der Melodie mitgerissen und sangen mit. Ihre Hoffnung, dass der Heilige an der Tür erscheinen würde, wurde immer größer und der Gesang immer lauter. Davon wachte Kalpana irgendwann auf.

Es war zwei Uhr nachmittags und der Heilige schien sich nicht seiner Gläubigen erbarmen zu wollen.

Dilip und Usha wollten zurück nach Benares fahren. Kalpana und Mahesh gaben schließlich nach

»Oh großer König, nicht jeder kann den Heiligen sehen, es sei denn, der Heilige ruft ihn zu sich«, sagte der Astrologe, als er die Familie in Benares vor dem Hotel verließ.

»Er hat uns ja gerufen!«, erwiderte ihm Mahesh.

»Dann vertrauen Sie sich ihm an!«

Am nächsten Morgen ging es Kalpana viel besser und sie sah wieder recht unternehmungslustig aus. Sie war überzeugt, dass sie heute den Heiligen sehen würde. Auch Mahesh hatte dieselbe Hoffnung. Usha und Dilip waren aber gegen die Fahrt nach Cetangaon. Sie wollten lieber die Stadt sehen. Den Durga-Tempel, Benares' Hindu-Universität, Rajghat. Oder sie wollten eine Bootsfahrt auf dem Ganges machen.

Kalpana und Mahesh mussten ihre ganze Überredungskunst aufbieten, um Usha und Dilip dazu zu bewegen, wieder, ein letztes Mal, nach Cetangaon zu fahren

»Also fahren wir zu dem Heiligen, der sich seinen Verehrern nicht zeigt«, sagten Usha und Dilip, als sie sich ins Taxi setzten. Der Taxifahrer ließ den Motor anspringen.

»Oh großer König, die Wunder des Heiligen sind nicht zu ergründen!«, sagte der Astrologe, der plötzlich neben dem Wagen auftauchte und durch das Taxifenster sah.

»Fahren Sie heute nicht mehr nach Cetangaon, Swamisuta ist nicht mehr in seiner Hütte. Gestern Abend ist ein dummer Anhänger gewaltsam in die Hütte eingedrungen und hat ihn dort nicht mehr gefunden.«

»Also fahren wir zum Durga-Tempel! Möchten Sie mitfahren?«, fragte ihn Usha. Der Astrologe stieg ein und setzte sich neben Mahesh auf den Vordersitz.

»War er die ganze Zeit nicht in seiner Hütte, während die Gläubigen draußen auf seinen Anblick gewartet haben?«, fragte Kalpana und versuchte ihre Gedanken zu ordnen.

»Sicher war er in der Hütte! Sonst hätten seine Schüler die Tür nicht bewacht. Aber der Heilige mag keine Gewalt, also verschwand er plötzlich. Und nur derjenige kann ihn sehen, den er dazu vorherbestimmt hat. Das kann nicht jeder verstehen«, erklärte er und zeigte dem Fahrer den kürzesten Weg zum Durga-Tempel.

»Wissen Sie, wann der Heilige wieder in seine Hütte kommt?«, fragte Kalpana den Astrologen.

»Nur Gott weiß es«, antwortete der Astrologe.

Vielleicht werde ich niemals jemanden treffen, der mir meine Erinnerungen zurückgeben kann, dachte Kalpana enttäuscht.

Es war ihr letzter Tag in Benares. Im Morgengrauen traf der Astrologe die Familie am Ufer des Ganges und führte sie zu einem Boot. Er ließ sie alle einsteigen, stieg dann selbst ein und setzte sich neben Mahesh auf die Bank. Der Bootsführer stieß das Boot einmal kräftig an und sprang hinein. Er und sein Vater, der bereits im Boot saß, ruderten zügig weg vom Ufer, bis sie von der Strömung des Ganges erfasst und davongetragen wurden. Am östlichen Horizont sah man einen roten Schimmer im Dunst. Der Astrologe deutete auf verschiedene Bauten am Ufer und zeigte ihnen viele Tempel und Moscheen, die in Nebel gehüllt und schwer zu erkennen waren. Als die Sonne durchbrach, zeigten sich die Bauten, Badestellen und die Verbrennungsstätten am Ufer deutlicher. Hunderte von Pilgern standen im Wasser, der Sonne zugewandt, und reinigten sich im Ganges von ihren Sünden. Der Flussgöttin Ganga zu Ehren zündeten sie Öllämpchen an und ließen sie auf der Wasseroberfläche dahintreiben. Einige von ihnen rezitierten Hymnen auf die Götter und hoben ihre gefalteten Hände zum Himmel. Das Boot glitt in einiger Entfernung an ihnen vorbei.

Stimmt all das, woran diese Pilger, meine Tante und der Astrologe, vielleicht sogar auch schon meine Frau und meine Kinder glauben?, fragte sich Mahesh, allein von der Menge der Gläubigen am Ufer überwältigt. Und glaube ich all das?, fragte er sich selbst. Seit der Zeremonie ging es Kalpana besser. Vielleicht ließ es sich auch anders erklären. Aber er selbst, wie auch seine Frau, fühlten einen inneren Frieden, seitdem sie im Ganges gebadet und im Shiva-Tempel gebetet hatten. War das keine Einbildung? Wo gab es die Garantie dafür? Er betrachtete seine Kinder und seine Frau, die die Gläubigen im Wasser und ihre rituellen Handlungen beobachteten.

Mahesh wollte einen Blick auf das gegenüberliegende Ufer werfen, an dem sich keine Tempel befanden, und drehte sich um. Überrascht stellte er fest, dass nicht weit von ihnen auf der anderen Seite ein alter

105

Mann mit weißem Haar und langem Bart in einem Boot saß und ihn intensiv beobachtete. Sein Haar, sein Bart und seine weißen Kleider erinnerten ihn an den Fremden im Flughafen in Delhi. Er ist es!, flüsterte er überwältigt. »Er muss es sein! Wer sonst?«, rief er seinen Kindern und seiner Frau zu. Aber die waren so gefesselt von dem Schauspiel, das sich ihnen bot, dass sie ihn kaum hörten.

»Kalpana, schau her! Ich glaube, da ist der heilige Swamisuta!«, schrie er seiner Tochter ins Ohr.

Erschrocken sah sich Kalpana um. »Wo?«, fragte sie ihren Vater.

»Auf dem Boot dort drüben! Eben hättest du sein Gesicht sehen können. Jetzt siehst du sein Profil, seinen langen Bart. Er ist weiß gekleidet, wie damals im Flughafen«, sagte Mahesh und deutete aufgeregt auf ein Boot, das sich stetig ihrem Blick entzog.

»Ich sehe ihn nicht«, sagte Kalpana enttäuscht.

Mahesh überlegte blitzschnell und wandte sich an die Ruderer. Er zeigte auf das Boot, das sich in entgegengesetzter Richtung bewegte, und bat sie zu wenden und das andere Boot einzuholen. Nur schwer verstanden die Bootsmänner Maheshs Worte. Widerwillig gehorchten sie und manövrierten das Boot mühsam an den anderen Booten vorbei. Als sie endlich wieder hinter dem von Mahesh bezeichneten Boot waren und es überholten, sah Mahesh einige unbekannte Personen darin, aber nicht den Heiligen. »Es war ein anderes Boot«, sagte er enttäuscht zu Kalpana.

Auf dem breiten Ganges fuhren viele Boote mit Pilgern. Ihre beiden Bootsmänner ruderten fleißig und überholten einige davon, um das Boot mit dem alten weißhaarigen Mann zu finden. Inzwischen hatte sich der Dunst aufgelöst. Die Sonne schien prall vom Himmel und es wurde heiß. Die beiden Männer ruderten mit aller Kraft und redeten, stoßweise atmend, mit dem Astrologen.

Es dauerte etwa noch zwanzig Minuten, bis Mahesh einsah, dass er das Boot mit dem Heiligen nicht mehr finden würde. Er bat die Männer und den Astrologen, nicht mehr nach dem Heiligen zu suchen.

Aber genauso wie Kalpana beschäftigte ihn eine einzige Frage: »War er es oder war er es nicht?«

Vorsichtig manövrierten die Bootsmänner das Boot wieder zu der Stelle hin, wo sie die Familie und den Astrologen abgeholt hatten. Sie waren sichtlich erschöpft. Schweißtropfen liefen ihre Gesichter herunter und hinterließen glänzende, nasse Striche. Mahesh bedankte sich bei ihnen mit einem Extralohn für die anstrengende Suche nach dem Heiligen und verließ das Boot mit seiner Familie. Sie gingen das Ufer hinauf in die engen Gassen, die von Pilgern wimmelten.

»Wohin ist der Heilige verschwunden?«, fragte Kalpana und sprach damit den Gedanken aus, der die ganze Familie beherrschte. Sie konnten einfach nicht aufhören sich in der Menschenmenge, in den Läden und selbst unter den Bettlern nach dem Heiligen umzusehen. Unerwartet, irgendwo in einer Ecke konnte er ja stehen und sie still beobachten.

»Den Zeitpunkt und den Ort können Sie nicht wissen, wann sich Swamisuta Ihnen zeigt«, sagte der Astrologe und riet ihnen, sich zu entspannen.

Aber die Hoffnung, den Heiligen zu sehen, begleitete sie auch auf der Fahrt zurück nach Delhi. Noch am letzten Abend sah Kalpana alle Menschen im Flughafen aufmerksam an, bevor sie hinter ihrer Familie durch die Sicherheitskontrollen ging. Erst im Flugzeug gab sie die Hoffnung auf. Sie lehnte sich zurück und schloss ihre Augen.

Dilip und Kalpana hatten Andi zum Essen eingeladen. Andi wollte das Heft mitbringen, in dem er sich viele Fragen notiert hatte. Dilip hatte sich gut darauf vorbereitet. Plötzlich fiel ihm ein, dass er die Antwort auf eine Frage nicht wusste. Kurz entschlossen rief er Tante Yashoda in Neu-Delhi an. Die saß gerade in ihrem Wohnzimmer und unterhielt sich mit ihrer Nachbarin Tayaru.

»Eines weiß ich immer noch nicht«, sagte Dilip zu Yashoda. »Warum verehrt man die Kobras?«

»Das wisst ihr immer noch nicht? Ich dachte, der Astrologe in Benares hätte es euch erklärt. Man verehrt die Kobras, weil sie die Verkörperung von Kumara sind. Hoffentlich hast du nicht vergessen, wer Kumara ist.«

»Nein, das habe ich nicht vergessen. Er ist der Sohn Shivas.«

»Bravo! Wie heißt sein Bruder?«

»Ganesha mit einem Stoßzahn«, antwortete Dilip fröhlich.

»Maheshs Kinder«, hörte Dilip seine Großtante stolz erzählen. »Ich habe ihren Vater davor gewarnt, nach Indien zu fliegen. Damals stand Jupiter im schlechten Haus. Er wollte aber unbedingt nach Indien fliegen. Im Flughafen von Delhi haben sie ihr Geld verloren, sie hatten Hunger, Durst und keinen Paisa Geld dabei. Sie haben jeden gefragt, ob er ihre Geldtasche gesehen hätte. Alle antworteten nur ›Nein‹. Mein Neffe war verzweifelt.«

»Tante! Tante!«, rief Dilip mehrmals.

Aber die alte Yashoda hörte ihn nicht mehr. Vielleicht hatte die Nachbarin ihre Geschichte schon einmal, vielleicht sogar schon mehrmals erzählt bekommen. Das spielte aber keine Rolle.

Es klingelte an der Tür.

»Das muss Andi sein«, sagte Kalpana. Dilip legte leise den Hörer auf.

Ghazi Abdel-Qadir

Tarik

Nadia ist weg! Heute Nacht muss sie sich klammheimlich aus der Wohnung geschlichen haben. Ich tappe durch die verlassenen Zimmer und schaue in jeden Winkel. Sogar in dem riesigen Wäschekorb sehe ich nach und zische mir gleichzeitig ein »Idiot!« zu, denn Nadia ist längst nicht mehr das freche kleine Mädchen, das sich so gerne in diesem bauchigen Deckelkorb verkrochen hatte. Außerdem spielen wir nicht Verstecken.

»Verfluchte Scheiße!«, murmle ich vor mich hin und dann wiederhole ich es noch einmal laut und saftig, weil sowieso niemand da ist, der mich hören kann, besonders Adil nicht.

Adil! Unser großer Bruder Adil, leuchtendes Vorbild rechtschaffener Lebensweise, selbst ernannter Heiliger und mahnender Zeigefinger. Irgendwann im letzten Jahr ist er vom Supertypen zur faden Schlaftablette mutiert. Okay, das wäre nicht weiter schlimm gewesen. Ich bin nicht der Einzige, der einen zum Gähnen öden Bruder hat, aber Adil hat sich zu einem regelrechten Kotzbrocken entwickelt. Es gibt nichts, aber auch gar nichts, in das er sich nicht einmischt. Von der Länge und Form der Unterhose über die Poster an der Wand bis zur Packung Gummibärchen, zu allem und jedem hat er was zu melden und nie Gutes!

»Glaub mir, Rik«, hat Nadia erst vorgestern noch zu mir gesagt, nachdem Adil sich wieder einmal als unser aller Moralapostel aufgespielt hatte. »Wenn das so weitergeht, dann hau ich irgendwann ab, für immer und ewig. Soll er sich doch jemand anderen suchen zum Herumnörgeln und Tyrannisieren.«

Jetzt ist also dieses »irgendwann« gekommen. Nadia ist ausgerissen und keiner hat es gemerkt. Wie sollten sie auch? Mein Vater kurvt schon seit gestern Morgen im hintersten Winkel der Republik herum, um für einen Pharmafritzen die Drei-mal-täglich-Gifte an Ärzte und Apotheker zu verteilen. Meine Mutter kümmert sich im Krankenhaus um fremde Leute, und Adil sorgt für sein zukünftiges Heil am Jüngsten Tag, indem er eifrig Punkte sammelt im beliebten Spiel: Wer bückt sich am meisten und hat die dickste Gebetsschwiele auf der Stirn?

Wütend knalle ich die Tür des Elternschlafzimmers zu und schlurfe in die Küche. »Heb doch die Füße an, Tarik!« Originalzitat Adil in meinem Ohr. Grrr! Im Kühlschrank warten die Teller mit Frühstück, von meiner Mutter selbst gestern Abend zurechtgemacht, bevor sie zum Nachtdienst ins Krankenhaus gegangen ist. Das lässt sie sich nicht nehmen. Sie bereitet allen das Essen zu, genau wie mein Vater es haben will, nach schöner altarabischer Tradition. Die stammt noch aus den Urgründen der Großfamilie, bevor ein Teil der Sippe in grauer Vorzeit aus dem Libanon in die Südtürkei ausgewandert und in bunter Neuzeit von dort nach Berlin gezogen ist. Meine Mutter hält die Tradition hoch und ist oft arabischer als mein Vater selbst.

Mir tut der Bauch weh, da hilft keine noch so alte Tradition. In stummer Anklage steht Nadias Portion unberührt da, einsam und trostlos. Ich schiebe den Teller zurück und knalle auch die Kühlschranktür zu, dann die Küchentür. Mir ist nach Krachschlagen zumute, nach Um-mich-Treten und Etwas-Zusammenschlagen. Adil kann froh sein, dass er schon weg ist. Jeden Morgen pilgert er noch vor Sonnenaufgang in seiner Heiligenkluft zur Moschee, wo er sich täglich mit neuen Ideen auffüllt, wie er seine Geschwister noch besser quälen kann. Ich hasse dieses Gebetshaus mit all den bärtigen Wichtigtuern, die anderen das Leben schwer machen, ich hasse das Geschwafel und die ganze Religion. Am meisten aber hasse ich Adil. So, jetzt ist es heraus!

»Du darfst nicht hassen.« Wieder Originalzitat Adil. »Gott liebt die Sanftmütigen und Barmherzigen.« Sanftmütig und barmherzig? Ha, dass ich nicht lache. Soll er doch erst einmal vor seiner eigenen Tür kehren! Ist es etwa sanftmütig, wenn er meine neuesten CDs als »aggressions-fördernden Schund« beschlagnahmt? Ist es barmherzig, wenn er Nadia den Umgang mit »diesem fragwürdigen Subjekt« – damit meint er ihren Freund Stefan – verbietet?

Nadia! – Das ist wirklich unfair von ihr! Jetzt sitz ich hier ganz allein und hab nicht mal mehr einen einzigen Menschen zum Quatschen. Ihr Handy hat Nadia zurückgelassen, vielleicht damit keiner auf die Idee kommt, bei ihr anzurufen. Wenn sie sich bewusst von dem Ding getrennt hat, beweist das ganz klar, wie hoch ihr Leidensdruck war. An der Garderobe hängt Adils langer Wollmantel, der die schwarze Leder-jacke aus besseren Zeiten abgelöst hat. Ich boxe dem Monster fest vor die Brust und schreie: »Ich hasse dich!«

Davon wird mir aber auch nicht besser. Nur raus hier! Die Schule kann heute mal auf mich verzichten. Ich renne durchs Treppenhaus, schnappe mir unten mein Rad und fahre los.

Ergün nebenan macht gerade seinen Laden auf. Das Rolltor klingt ge-nauso heiser wie er selbst.

»Bist aber spät dran, Junge!«, ruft er mir hinterher.

Ich hebe nur die Hand zum Gruß und passe lieber auf, wo ich herkurve. In unserer Straße liegt ständig was herum, trotz städtischer Müllabfuhr, und es macht gar keinen Spaß, wegen kaputter Schirme, kahl gerupfter Puppenköpfe oder angefaulter Kohlköpfe ins Schlittern zu kommen. Der Weg zum Krankenhaus ist nicht weit, aber auf zwei Straßen ist so viel Verkehr, dass es schon fast lebensmüde wäre, sich da auf die Fahrbahn zu wagen, besonders mit meinem Drahtesel. Mein Vater verdient nicht so gut, weshalb wir nie genau das bekommen, was wir gerne hätten – zum Beispiel ein anständiges Fahrrad! Statt des Klasse-Bikes, das ich im Katalog gesehen hatte, musste ich mich mit dem abgelegten ollen Gestell eines Cousins begnügen. Es gab nur neue Reifen dafür. Wie gut, dass unsere Eltern nach mir nicht weitergemacht haben mit dem Kinderkriegen – trotz ständiger Aufforderungen vonseiten der Sippe –, sonst hätte es nicht mal dazu gereicht!

»Das tut's doch noch prima«, jubelte meine Mutter, als ich die ersten Runden drehte.

»Wenn ich als Junge so eins gehabt hätte ...« Die ewige Leier meines Vaters.

»Hauptsache, die Bremsen sind okay. Das ist das Wichtigste.« Adil, damals noch mit der Motorsportszene liebäugelnd, tat ganz Fachmann.

»Der rostige Gaul sieht dir total ähnlich, Rik, besonders von hinten«, stichelte die freche Nadia.

Eigentlich sollte ich froh sein, dass sie weg ist. Aber stattdessen hechle ich wie ein Blödmann durch halb Kreuzberg und grüble über mein jämmerliches Familienleben nach. »Du denkst zu viel.« Zitat Nadia. Mag sein, aber immerhin hau ich nicht einfach ohne Vorwarnung ab und lasse andere den Mist ausbaden.

Schon hundert Meter vor dem Krankenhaus wird mir ganz schummerig. Wie meine Mutter und neuerdings auch Nadia in so einer Elendsanhäufungsstätte arbeiten können, ist mir ein Rätsel. Anfangs war meine Mutter auf der Station für innere Medizin, aber meinem Vater zuliebe wechselte sie zur Gynäkologie. Unsere ach-so-besorgten Verwandten – die zum größten Teil Tausende Kilometer weit weg wohnen! – hatten ihn nämlich wiederholt darauf hingewiesen, dass seine Frau dort viel zu sehr mit Männern zu tun habe. Das würde nicht nur ihrem Ruf, sondern dem der ganzen Familie schaden. Meine Mutter fand das albern und meinte, die Kranken auf der Inneren dämmerten ohnehin mehr tot als lebendig vor sich hin und wären keine Gefahr für die Moral. Weil die Sippe aber nicht Ruhe gab und die Kollegen auf der Station meiner Mutter sowieso nicht zusagten, spielte sie die brave Schwiegertochter und gab nach.

»Die Klippen des Alltags so geschmeidig wie möglich umschiffen, Tarik, das ist die wahre Kunst«, sagt sie immer, wenn ich mich über etwas sehr aufrege oder finde, dass sie sich nicht alles gefallen lassen soll, wie zum Beispiel die hochgeschlossenen langärmeligen Blusen im heißesten Sommer. Mein Vater ist nicht sonderlich religiös, sonst hätte er wohl auch nicht so ohne Weiteres eine Deutsche geheiratet, aber wie meine Mutter erzählte, hat er sie kein bisschen vor der Sippe in Schutz genommen, als es beharrlich hieß, sie müsse zum Islam übertreten. Und so hat sie um des lieben Friedens willen eine Klippe nach der anderen umschifft.

Nur die allernötigsten Atemzüge riskierend betrete ich das Krankenhaus.

»Deine Mutter ist gerade eben gegangen«, ruft mir der Mann an der Pforte zu.

»Ja, danke, ich weiß.« Immer schön höflich, auch wenn dir zum Schreien zumute ist.

Gleich wird sie die Haustür aufschließen, alle Räume lüften und dabei die Bescherung feststellen. Sie wird sofort meinen Vater alarmieren, der im Eiltempo aus Hintertupfingen zurückkehrt, wobei er eine Hand-

113

voll Strafzettel kassiert und einen Anschiss vom Chef riskiert. Dann werden sie sich gegenseitig Vorwürfe machen und nicht vergessen, dazwischen diese besonders fiesen Schweigepausen einzubauen, die einem die Brust zuschnüren und viel furchtbarer sind als ein handfester Krach. Und wenn ich Pech habe, komme ich noch vor Adil nach Hause, sodass sich der ganze Sturm über mir entlädt. Aber erst einmal muss ich Nadia finden und sie fragen, was sie sich bei all dem gedacht hat, was wiederum Quatsch ist, weil ich das ja ganz genau weiß.

Die chirurgische Station, Nadias vorübergehender Arbeitsbereich, finde ich nicht ganz so schlimm wie die anderen Abteilungen des Krankenhauses, obwohl der Gestank nach Desinfektionsmitteln hier sogar noch stärker ist. Aber Gipsbeine & Co legen sich einfach nicht allzu sehr aufs Gemüt. Hier hat Nadia ihren Stefan kennengelernt. Der hatte sich mit seinem Motorrad überschlagen und musste an zig Stellen zusammengeflickt werden. Stefan studiert Musik und Sport und ist eigentlich ziemlich in Ordnung. Meine Eltern haben ihn noch nie gesehen, weil Nadia sich nicht traute, ihn nach Hause mitzubringen. Zum einen hatte sie wohl Schiss vor den tratschenden Nachbarn, aber hauptsächlich vor Adil.

»Warum ist deine Schwester heute nicht da?«

Die Frage kommt von einem Pfleger. Zum Glück lenkt ihn ein Typ mit Schulterverband ab, sodass ich schnell wieder verschwinden kann. Statt des Aufzugs nehme ich die Treppen und haste aus dem Gebäude, als wäre ich auf der Flucht.

Offenbar hat Nadia heute geschwänzt. Vielleicht will sie die Sache auch ganz hinschmeißen. Mein Vater wird toben. Er betont ständig, wie wichtig eine gute Ausbildung ist.

Was mache ich nun? Ich habe keine Ahnung, wo Stefan wohnt, und auch wenn – was soll ich da? Mittlerweile kommt mir mein Vorhaben sowieso ziemlich sinnlos vor. Nach Hause will ich allerdings auch nicht. Da würde nur gemeckert werden, weil ich nicht in der Schule bin, und außerdem erwartet mich sicher eine Überdosis an Fragen, die ich nicht beantworten kann. Mein Magen knurrt und erinnert mich daran, dass ich das Frühstück stehen gelassen habe. Meine Mutter wird sich beim Anblick der vollen Teller riesige Sorgen machen. So ist sie eben.

Ich schwinge mich wieder aufs Rad und eiere los, diesmal ohne Ziel, einfach nur so, weil mir nichts Besseres einfällt.

Aus dummer Gewohnheit lande ich erst einmal vor der Schule. Gerade hat die vierte Stunde angefangen und meine Schulkameraden schwitzen jetzt unter dem strengen Blick vom Schrötter. »Das Bruttosozialprodukt Argentiniens« oder so – wen interessiert das eigentlich?! Auf dem letzten Platz direkt beim Fenster leuchtet der rote Lockenkopf von Angie. Die hätte ich gern zur Freundin, aber damit stehe ich nicht alleine da. Fast alle Jungs unseres Jahrgangs sind in sie verknallt. Allerdings hat sie für niemanden speziell etwas übrig und mich sieht sie schon gar nicht an. Zugegeben, an mir ist ja auch nichts Besonderes, aber ein Schreckgespenst bin ich auch nicht. Weder habe ich den orientalischen Nasenhaken meines Vaters geerbt noch die altdeutschen Segelohren meiner Mutter. Aber totaler Durchschnitt ohne große Klappe kommt eben nicht gut an.

Die eifrig fingerschnipsende Hand gehört dem Streberling Uli, würg! Wie der sich immer anbiedert! Ich bedaure wirklich kein bisschen, jetzt nicht da drin zu sitzen. Bevor mich womöglich noch jemand entdeckt, drehe ich wieder ab. Vielleicht läuft mir ja Adil über den Weg. Der kann was erleben.

Adil hat eine Tischlerlehre abgeschlossen, ist aber seit einem halben Jahr arbeitslos. Das nagt ziemlich an seinem Stolz. Jetzt macht er sich in unserem Stadtteil nützlich. Er besucht Alte und Alleinstehende, erledigt für sie Besorgungen und erfüllt allgemein vorbildlich die islamischen Gebote der Hilfsbereitschaft und guten Nachbarschaft.

Bei »Aslan Imbiss und Feinkost« halte ich und kaufe mir einen Puten-Döner. Während ich mit vollen Backen kaue, kommt Aslan freudig angeschlurft.

»Dein Bruder ist eine wahre Gottesgabe! Wie glücklich muss die Familie sein, die einen solchen Jungen hervorgebracht hat«, preist er Adil in den höchsten Tönen. »Mein Cousin war in eine böse Schlägerei verwickelt, völlig unschuldig übrigens, wie das eben so passiert. Dein Bruder hat verhindert, dass die Polizei eingeschaltet wurde, und zwischen den Jungs geschlichtet. Eine Perle, dieser Adil, wahrhaftig …«

Sag ich ja! Unser lieber Adil spürt Notlagen so zielsicher auf wie ein Trüffelschwein die teuren Knollen. Nur zu Hause sieht die Sache anders aus. Ich schlinge den Döner so schnell wie möglich hinunter, um mir die Lobeshymne nicht länger anhören zu müssen. Dann nehme ich die Strecke am Sportplatz entlang, wo ich früher ganze Nachmittage mit Adil und seinen Freunden vertrödelt habe, als er noch ein prima Bruder war, mit dem man sich sehen lassen konnte. Jetzt ist er nur noch peinlich. Wer hört schon Koran-Rezitationen?

Beim Einbiegen in unsere Straße hätte ich beinahe Ricardo über den Haufen gefahren. Der trägt immer die neuesten Klamotten, ernährt sich fast nur von Pizza und hat eine ganze Mansardenfläche für sich allein. Ricardo ist Einzelkind, das sagt ja schon alles!

»He Rik, schwänzt du auch?« Er wedelt den Rauch seiner Zigarette vorm Gesicht weg, wobei sein klobiger Ring am kleinen Finger aufblitzt. Von Weitem wirkt das etwas tuntig, aber da ist ein richtig guter Totenkopf drauf mit Schlange und allem Drum und Dran.

»Ich doch nicht!« Wir grinsen uns an.

»Vorhin hab ich deinen Bruder gesehen.« Ricardo rettet mein Rad vor dem Angriff eines Lieferwagens. »Sah mächtig würdig aus.«

Ich erzähle ihm von Adils neuester Tat der Barmherzigkeit. Die Sache mit Nadia verschweige ich aber. Komisch, in manchen Dingen hat mich der Ehrenkodex der Familie voll im Griff: »Schmutzige Wäsche wäscht man zu Hause«, und: »Nur nichts nach außen dringen lassen«.

»Ich hab ein paar brandneue Videospiele gekauft. Wollen wir die mal ausprobieren?« Ricardo weist nach oben.

Ich habe nichts dagegen, schiebe mein Rad in den Hinterhof und folge ihm in sein Zimmer unter dem Dach.

Das Erste der »brandneuen Videospiele« ist schon ein paar Wochen alt, dafür gibt's aber frische Pizza aus der Mikrowelle. Sowieso scheinen die Spiele nur ein Vorwand gewesen zu sein, um mich hier heraufzulocken, denn kaum sind wir mit dem ersten Level fertig, da wird Ricardo gesprächig. Er erzählt von dem Ferienhaus seiner Eltern irgendwo in der mecklenburgischen Pampa, von echt prima Kumpeln, die mir genauso unbekannt sind wie der Name des Sees, wo es so »obersupergut« sein soll, vom Angeln und Kanufahren und … und … und …

Ich mampfe mich durch die riesige Pizza und wundere mich immer mehr. Ich hätte meine sämtlichen Videospiele, das heißt die paar, die Adil noch nicht in die Finger gekriegt hat, verwettet, dass Ricardo die Natur total egal ist. Man braucht sich nur das Styling seiner Räume anzusehen: schwarze Ledersofas, Anlage vom Feinsten, schrille Neon-Poster an den Wänden und alles üppig garniert mit hippen Klamotten, überquellenden Aschenbechern und leeren Fast-Food-Kartons. Nirgendwo auch nur eine Spur von Outdoor- oder gar Ökokram, kein Holz, keine Bücher, keine Kerzen – nichts von alldem, was diese Weltverbesserer so um sich herum verteilen.

»Ich kenn nur Fischstäbchen«, murmele ich abwehrend, als Ricardo mir auch noch mit einer Angel-Story kommen will.

Abrupt steht er auf und verzieht sich aufs Klo. Jetzt hab ich's vermasselt, denke ich, stopfe mir schnell noch das letzte Stück Pizza hinein und stehe auf.

»He, bleib doch!« Ricardo ist schon zurück und drückt mich wieder aufs Sofa. »Oder hast du was Besonderes vor?«

»Nö, hab ich nicht.« Ich schiebe den Gedanken an meine Mutter, die jetzt sicher händeringend vor dem verwaisten Mittagstisch sitzt, einfach beiseite.

»Na, dann ist doch alles klar.« Ricardo fixiert mich mit seinen schrägen, grünen Katzenaugen. »Ist deine Schwester eigentlich für lange verreist?«

Aha, deshalb hat er mich hierher gelotst, um mich auszuquetschen. Schon manches Mal habe ich den Verdacht gehabt, dass er, wo er doch vier Jahre älter ist als ich, nur freundlich zu mir ist, um an Nadia ranzukommen.

»Ich meine, bei so viel Gepäck …« Nervös dreht er an seinem Totenkopfring und ich überlege blitzschnell, was ich jetzt sagen soll. Offenbar hat er sie beim Abhauen gesehen. Wann? Wo? Wie? Mit wem? Ich habe selbst einen Haufen Fragen, die ich aber dummerweise nicht stellen kann, wenn nicht alles auffliegen soll.

»Nö, eigentlich nicht«, stammle ich und merke selbst, dass das zu mager ist. Ricardo zieht auch prompt fragend eine Augenbraue hoch.

»Sie ist zu einer Kusine gefahren, für ein paar Wochen oder so. Die Kusine ist ziemlich am Boden, Depri, verstehst du? Na ja, du kennst das sicher.« Mann, was quassle ich für einen Quatsch! Woher soll Ricardo etwas über Depressionen wissen? Der hat doch alles, was man sich nur wünschen kann.

Aber merkwürdigerweise nickt er verständnisvoll und sagt freundlich: »Ach so!«

Und dann labert er auch nicht mehr um den Brei herum, sondern kommt gleich zur Sache.

»Weißt du, ich mag es, wenn ein Mädchen sich nicht so billig verhält. Die ganze Erziehung bei euch, das ist alles so geordnet, so sauber.«

Unwillkürlich fällt mein Blick auf die verstaubten Glastische, wo Tabakkrümel, Popcornreste und Reklamezettel einander den Platz streitig machen.

»Ich meine, eure Eltern sind doch beide Muslime, oder?«

»Ja, schon, aber nicht so streng wie Adil. Man kann nämlich alles übertreiben, weißt du.«

Ricardo grinst. »Klar, der hat 'n Rad ab. Früher war er mal ein total guter Kumpel, schade.«

Jetzt klingt er zum Glück wieder normal. Für ein paar Minuten war er mir richtig unheimlich geworden. Obwohl ich bereits pappsatt bin, greife ich in die Chipstüte, die Ricardo mir zuschiebt. Ob ich es ihm sagen soll? Die Sache mit Stefan? Besser nicht, nachher quatscht er alles aus.

»Trotz allem, ihr habt wenigstens etwas, woran ihr euch halten könnt.« Ricardo spielt mit seinem silbernen Feuerzeug herum.

»Meinst du wegen der Frage nach dem Sinn von allem?«, überlege ich laut. »Oder warum wir überhaupt da sind? Und was nach dem Tod kommt?«

»Zum Beispiel.« Er zerbeißt drei besonders große Chips. »Hast du dir darüber nie Gedanken gemacht?«

»Doch schon, aber … «

»Oder das mit dem Töten. Sieh mal, beim Angeln … «

Ups! Da sind wir also wieder beim Weiher und den Fischen. Den hat's scheinbar schlimm erwischt! Aber lieber über Forellen reden als über Nadia.

»… Obwohl es die DDR schon lange nicht mehr gibt, haben meine Eltern mich so erzogen. Und da war gar nichts, kein Gott, keine Religion. Jetzt fehlt einfach etwas. Erzähl mal, wie ist das bei euch im Islam?«

119

»Keine Ahnung, ich glaub nicht, dass im Koran irgendwas über Forellen drinsteht. – Soll ich Adil fragen?«

Ricardo lacht kein bisschen über meinen Scherz. »Übrigens ist Nadia nicht die Spur gläubig«, schiebe ich in einem Anflug von Gehässigkeit nach.

»Aber sie benimmt sich immer korrekt und das gefällt mir.«

Wenn du wüsstest!, denke ich und stemme mich aus den niedrigen Polstern hoch. »Jetzt muss ich mich aber korrekt benehmen und meine Mutter nicht länger warten lassen.«

»Okay, komm mal wieder, wenn du magst. Dann spielen wir das zweite Spiel.«

»Tschau!« Während ich die Stufen hinunterrenne, hole ich erst mal tief Luft. Und dann überlege ich, wo ich jetzt noch das Mittagessen hinstecken soll. Aber höchstwahrscheinlich ist wegen Nadias Verschwinden alles so in Aufruhr, dass es gar nicht sonderbar aussieht, wenn mir der Appetit wegbleibt.

Unsere Nachbarin wickelt prompt einen neuen feuchten Lappen um die Fußmatte vor ihrer Wohnungstür, als ich unseren Treppenabsatz erreiche. Das macht sie immer, wenn sie mitbekommen will, was sich bei den anderen Hausbewohnern abspielt. Ob sie Nadias Flucht mitgekriegt hat? Das wäre übel, dann weiß es mittlerweile die ganze Straße.

»Guten Tag, Frau Demirel!«, flöte ich betont freundlich und schließe die Tür auf. Ohne mich umdrehen zu müssen, merke ich, wie der Klatschdrache sich wieder verzieht.

In unserer Wohnung herrscht eine beklemmende Stille. Von wegen Aufruhr, alles wirkt genauso wie heute Morgen.

»Bist du es, Tarik?« Die piepsige Stimme kommt aus dem Wohnzimmer. Mit einem flauen Gefühl gehe ich hin.

Meine Mutter liegt auf dem Sofa, dreifach eingewickelt in eine schrillschreckliche Häkeldecke von Tante Lissie, und streckt mir den Arm entgegen.

»O Ma!« Ich pflanze ihr einen Kuss auf die Stirn, was ich seit undenklichen Zeiten nicht mehr getan habe, und stammle einigen Unsinn zum Trost.

»Es tut mir wirklich leid. Wenn ich gewusst hätte …« Ja, was eigentlich? Klar, dass sie sich aufregt, weil Nadia weg ist, weil wir nicht gefrühstückt haben, weil ich zu spät zum Essen komme, weil Pa sicher am Telefon gemotzt hat und … und … und …

»Das braucht dir doch nicht leidzutun, mein Junge.« Sie streicht mir über die Stirn und lächelt mich tapfer an, was mich total beschämt.

»Eine halbe Stunde Verspätung ist nicht so schlimm. Nadia ist auch noch nicht da. Vielleicht habe ich sie auch verpasst, ich muss eben ein wenig eingenickt sein. Geh du dir was zu essen holen, ich muss leider noch ein Weilchen liegen bleiben.«

»Aber …«

»Keine Sorge, es ist bestimmt nichts Schlimmes, nur meine üblichen Magenschmerzen. Heute Morgen waren sie allerdings sehr heftig. Mir ist sogar schwarz vor Augen geworden und da hab ich mich mit einer Taxe heimfahren lassen. Alles nur Erschöpfung, in letzter Zeit war ja auch so viel los auf der Station.« Ihre Stimme ist immer leiser geworden.

»Soll ich nicht lieber einen Arzt …«

»Nein, nein, nur Ruhe, mehr brauch ich nicht, nur Ruhe …« Zweifelnd schaue ich in das magere Gesicht und warte, bis ruhige Atemzüge zeigen, dass die Schmerzen nachlassen. Dann erst löse ich ihre Hand aus meiner und stehe langsam auf.

Meine Mutter hat von allem nicht das Mindeste mitgekriegt! Aber statt erleichtert zu sein wird mir nur noch banger. In ihrer jetzigen Verfassung kann sie so eine Aufregung erst recht nicht vertragen. Verdammte Nadia! Warum hat sie nicht gesehen, wie fertig Ma ist, und ihre Aktion verschoben? Warum haben wir alle nichts gemerkt? Jetzt erinnere ich mich plötzlich, dass meine Mutter schon die letzten Tage wenig gegessen hat und ziemlich müde gewesen ist. Dann lässt sie nämlich mehr durchgehen und ist insgesamt milder, was herumliegende Socken oder überquellende Mülleimer anbetrifft. Wenn sie nun in Ohnmacht fällt, was soll ich dann machen? Ich starre ängstlich auf die Nummer von Notarzt und Feuerwehr, die Nadia in ihrer steilen Kleinmädchenschrift aufs Telefon gemalt hat, schaue immer wieder mal nach, ob meine Mutter noch gleichmäßig atmet. Nie war ich so erleichtert wie heute, als ich Adils typisches Räuspern höre, bevor er die Wohnungstür aufschließt.

»Psst!«, zische ich sofort und zeige in Richtung Wohnzimmer. »Ma geht es nicht gut. Sie hat sich hingelegt.«

Adil zieht die Schuhe aus, lässt seinen abschätzenden Großer-Bruder-Blick über meine etwas aufgelöste Erscheinung gleiten, geht dann aber kommentarlos nach nebenan. Ich folge ihm.

»Meinst du, sie hat was Schlimmes?« Im selben Augenblick, als ich es ausgesprochen habe, ärgere ich mich über mich selbst. Adil ist doch kein Arzt. Meine Mutter wird als Krankenschwester am ehesten wissen, wie ernst ihr Zustand ist. Und wenn sie sich Sorgen gemacht hätte, wäre sie im Krankenhaus geblieben.

Adil legt ihr die Hand auf die Stirn, fühlt ihren Puls und zieht dann die Decke etwas höher. Ich schimpfe mich innerlich einen elenden Jammerlappen, weil ich mich so unendlich besser fühle, seit ich die Verantwortung an Adil abschieben konnte.

»Wo ist Nadia?«, fragt er, als wir dann im Flur sind. »Sollte sie sich nicht eigentlich darum kümmern?«

Da ist sie wieder, die selbstherrliche Arroganz, die Adil so widerlich macht. Und schlagartig erwacht meine Wut aufs Neue. »Meinst du, weil sie Krankenschwester lernt oder weil sie ein Mädchen ist?«, blaffe ich. »Und was heißt hier darum? Das ist unsere Ma, der es schlecht geht, nicht irgendein lästiges Darum. Und wenn du wissen willst, wo Nadia ist, die ist abgehauen. Und ehe du noch irgendwelche blödsinnigen Fragen abschießt, kann ich dir gleich sagen, dass alles deine Schuld ist. Du mit deiner ewigen Tyrannei, deinen tausend Regeln und zigtausend Verboten. Das hält ja kein Mensch aus!«

Adil schiebt mich in die Küche und schließt die Tür. Ich bin zum Schluss etwas laut geworden, aber ich zittere vor Wut und würde am liebsten noch lauter brüllen. Adil schaut mich an, als wäre ich ein lästiges Insekt, eine von diesen riesigen Kakerlaken, die bei den Großeltern in Iskanderun aus den Kanaldeckeln kriechen und immer wieder auferstehen, auch wenn sie schon mehrmals platt getreten worden sind.

»Nadia ist fort?« Seine ruhige Stimme bringt mich zur Weißglut.

»Ja, sie ist fort und ihr Handy hat sie hiergelassen. Auf der Arbeit war sie auch nicht. Bestimmt ist sie bei Stefan. Aber den hast du ja miesgemacht, als wäre er der Teufel persönlich. Dabei hast du ihn gar nicht kennengelernt. Er hatte nicht mal eine Chance.«

Adil öffnet den Kühlschrank, wo immer noch Nadias und mein Frühstück steht. Ich werde es wegwerfen müssen, bevor meine Mutter es doch noch entdeckt, auch wenn ich dafür als Strafe irgendwann im fernen Jenseits im Höllenfeuer schmoren muss oder so ähnlich, weil man nicht verschwenden darf. Aber auf die Pizza in meinem Bauch passt es beim besten Willen nicht mehr, außerdem bringe ich nie etwas runter, wenn ich richtig wütend bin.

»Kann ich das essen?«, fragt Adil.

»Na, klar!« Ich hole die beiden Teller heraus und knalle sie auf seinen Platz. »Guten Appetit!«

Adil bricht sich etwas von dem Fladenbrot ab, das auf der Anrichte liegt, und setzt sich. Seine sorgfältig gepflegten Hände und sein braves Getue nach dem Tischgebet fachen meinen Zorn weiter an. Diese Selbstzufriedenheit, die aus all seinen Gesten spricht, wenn er das Brot

ins Olivenöl tunkt, es langsam in den Mund schiebt, ohne sich zu be-
kleckern oder fettige Lippen zu bekommen, und wie er dann bedäch-
tig kaut – als ob er einem Benimm-Buch aus dem letzten Jahrhundert
entsprungen wäre! Wie gerne würde ich wieder einmal erleben, dass
er sich ein bisschen wie ein Mensch benimmt, ein einziges Mal schmat-
zen oder einen Krümel in der Mundecke vergessen. Ich verlange ja gar
nicht, dass er einen fahren lässt.

»Weiß Mutter davon?«

»Von Nadias Verschwinden? Nein, und das ist auch besser so«, sage
ich grollend.

»Irgendwann muss sie es erfahren«, meint Adil und trinkt ein Glas
Mineralwasser, wobei sein Adamsapfel aufreizend auf und nieder hüpft.

»Ich weiß, Kinder dürfen keine Geheimnisse vor ihren Eltern haben«,
erwidere ich und denke an seine Predigten zum Thema Aufrichtigkeit.
»Und wenn es die Eltern auch umbringt, die Wahrheit geht über alles.«

Adil schaut mich mit einer merkwürdigen Mischung aus Betroffen-
heit und Trauer an. Scheinbar ist er doch nicht ganz so gefühllos, wie
er immer tut. »Auf jeden Fall sag ich Vater Bescheid, dass Mutter krank
ist.«

Dieses »Vater« und »Mutter« hat Adil sich auch seit Kurzem an-
gewöhnt. Er behauptet, das drücke besser den Respekt aus, den man
als gläubiger Mensch vor den Älteren haben soll. Ich weiß nicht, ob
unsere Eltern das zu würdigen wissen, aber mir erscheint es eher kalt.
Außerdem liegt Respekt nicht nur in einem Wort. Ich zum Beispiel
habe einen höllischen Respekt vor unserem Sportlehrer. Der hat schon
zweimal beim New-York-Marathon mitgemacht. Trotzdem sagen wir
alle Dickwein zu ihm, auch wenn er in Wirklichkeit Dünnbier heißt.

Adil hat unseren Pa erreicht und erzählt ihm alles. Zwar spricht er
leise, aber ich kann jedes Wort verstehen, denn Adils Stimme hat in
letzter Zeit eine Färbung angenommen, die man, soweit ich weiß, »so-

nor« nennt und schrecklich an die Nachrichtensprecher der öffentlichen Radiosender erinnert. Ob er das wohl heimlich übt? Nadias Flucht erwähnt er nicht, so viel zum Thema Wahrheitsliebe!

»Vater macht sich sofort auf den Weg«, berichtet mir Adil. »Ich will mich erst umziehen. Komm mit in mein Zimmer.«

Reinlichkeit!, notiere ich in Gedanken auf einen imaginären Zettel für Ricardo, der ja wissen wollte, »wie das so bei uns ist im Islam«. Reinlichkeit gehört, neben dem Respekt Älteren gegenüber, der Wahrheitsliebe und der moralischen Lebensführung, unbedingt dazu. Adil achtet pingelig auf seine Kleidung, besonders auf die weißen langen Hemden, auf denen sich nicht das kleinste Fleckchen niederlassen darf. Und alles ist immer tipptopp gebügelt. Anfangs hat Ma sich noch mit seinen Sachen abgeplagt, bis Nadia meinte, Adil solle das gefälligst selbst machen. Da ging ihm endlich ein Licht auf, was für eine mühselige Plackerei das ist. Nun lässt er seine Kleider in der Wäscherei gegenüber bügeln. Das reißt zwar ein gewaltiges Loch in seine ohnehin magere Kasse, aber dafür spart er ja neuerdings bei anderen Sachen, wie Musik, Videos und all den Dingen, die ihm zu »weltlich« sind. Das Spenden für wohltätige Zwecke schränkt er jedoch nicht ein.

Manchmal habe ich allerdings meine Zweifel, ob das, was Adil macht, wirklich unbedingt zu dem gehört, was man Islam nennt. Bestimmt stehen im Koran nicht all die Regeln und Verbote für jedes klitzekleine Alltagsproblem, wie Adil sie uns gepredigt hat. Pa zum Beispiel kommt gut ohne all den Ballast aus, und trotzdem ist er Muslim.

Adil hat sich in sein abendliches Hausgewand gehüllt. Das kann man wirklich nicht anders beschreiben als mit diesem mittelalterlichen Ausdruck. Das Teil ist mausgrau, mit winzigen Stoffknöpfen und glänzenden Verzierungen an der Vorderleiste. Dazu schlüpft Adil in kuriose gelbe Lederpantoffel, wie sie Touristen aus Tunesien mitbringen, um sie dann irgendwo auf dem Balkon verrotten zu lassen. Keinem normalen Menschen würde es einfallen, die Dinger auch tatsächlich zu tragen.

Ich sollte zwar mit in sein Zimmer kommen, aber solange Adil sich umzieht, gewährt er mir nicht die Güte, mir den Grund dafür zu sagen. Dann verschwindet er auch noch für einige Zeit im Bad, sodass ich Gelegenheit hätte, mich ungestört in seinem Heiligtum umzusehen. Nicht dass ich darauf brenne, doch seitdem er unsere Freizeitvergnügen beschlagnahmt hat, schließt er sein Zimmer immer ab. Trotzdem glaube ich nicht, dass er meine Videospiele hier versteckt hält. Wo auch? Der Raum ähnelt einer Klosterzelle: Bett, Schrank, Tisch, Stuhl. An den Wänden hängt eines dieser dreidimensionalen Bilder von Mekka in Silber, Schwarz, Grellblau und ein rotgoldener Gebetsteppich, der unserem Urgroßvater gehört haben soll. Das mottenzerfressene Relikt hat Adil bei unserem letzten Verwandtenbesuch vor dem Untergang gerettet und jetzt hängt er abgöttisch daran, was sicher nicht religiös korrekt ist. Denn eines weiß ich ganz genau: Jegliche Verehrung von Dingen oder Bildern ist dem Islam ein Gräuel. Aber von diesen Ferien schwärmt Adil noch heute. Es war auch schön. Wir kamen gerade zum Fest des Fastenbrechens an und haben drei Tage lang gefeiert mit Musik und Feuerwerk und vielen Leckereien.

Was macht Adil bloß so lange im Bad? Ich stehe von seinem harten Büßerstuhl auf und gehe in den Flur. Da höre ich ihn im Wohnzimmer mit meiner Mutter sprechen. Und irgendwie gibt es mir einen schmerzhaften Stich, denn das ist nicht der Adil, den ich kenne. So hat mein Vater mit meiner Mutter gesprochen, als sich noch nicht das große Schweigen zwischen ihnen breitgemacht hatte und wochenlange Kurierfahrten sowie Nachtdienst im Krankenhaus auf der Tagesordnung standen. Nun lachen Adil und Ma sogar! Auf Zehenspitzen pirsche ich mich zur Tür und schaue durch den Spalt. Adil sitzt neben meiner

Mutter auf der Couch und hält ihr einen Teller mit Glibberzeug hin. Wahrscheinlich seine heiß geliebten Geleefrüchte.

Adil legt Ma den Arm um die Schultern, sie lehnt ihren Kopf an seinen und schließt die Augen. Und dann streicht Adil ihr übers Haar, immer und immer wieder. Da wende ich mich wie ertappt ab. So hat meine Mutter früher bei uns am Bett gesessen, wenn wir krank oder verzweifelt waren. Komisch, bisher bin ich nie auf den Gedanken gekommen, dass sie auch verzweifelt sein könnte. Oder mein Vater. Und vielleicht sogar auch Adil.

Am liebsten würde ich jetzt mit Nadia quatschen. Das habe ich jedes Mal gemacht, wenn ich so sonderbare Gefühle hatte oder mit etwas nicht klarkam. Aber die doofe Kuh hat sich ja einfach aus dem Staub gemacht. Wenn ich bloß wüsste, wo dieser Stefan wohnt.

Bevor ich noch völlig durchdrehe, lass ich am besten den ganzen Familienkram einmal ruhen und gehe zu Sonny rüber. Der kann mir sagen, was in der Schule los war, damit ich da nicht auch Ärger kriege.

Drei Stunden bei Sonny haben meinen Kopf herrlich ausgelüftet. Endlich mal wieder eine Familie wie aus dem Bilderbuch. Die einzige Katastrophe des Tages war die, dass sich die Katze den Magen verdorben hatte. Zwar hatte Sonnys Mutter wegen eines wichtigen Anrufs auch einen Kuchen anbrennen lassen und die kleine Schwester den Mülleimer im Flur ausgekippt, aber das zählt bei denen nicht zu den Katastrophen.

Über so etwas wird nur gelacht und dann der Schaden behoben. Bei uns wäre mindestens einen halben Tag lang dicke Luft gewesen.

Gerechterweise muss ich zugeben, dass es nicht immer so war. Früher haben wir viel miteinander gelacht, Ausflüge unternommen oder abends Karten gespielt. Aber irgendwann ist alles anders geworden.

Meine gute Stimmung hält gerade mal bis zu unserer Etage an, dann verzieht sie sich schlagartig. Als ich in die Wohnung komme, steht die Tür zu Adils Zimmer weit auf. Es riecht stark nach Rosen, was ich sehr gerne habe, auch wenn es ziemlich mädchenhaft ist, und Adil hat diese altertümliche Lautenmusik aufgelegt, auf die er im Moment so sehr steht. Ich wage einen Blick in sein Allerheiligstes.

»Tarik! Komm rein, wo warst du bloß so lange?« Er springt von seinem Bett auf. »He, reg dich nicht gleich wieder auf! So hab ich das nicht gemeint. Es geht mich nichts an, ich weiß. Aber ich wollte doch noch mit dir reden.«

Er schiebt mir eine Schale mit Quittenkonfekt hin. Beim Essen weiß Adil merkwürdigerweise immer, was man am liebsten mag.

»Geht's Ma besser?«, frage ich und nehme mir ein Stück.

»Ja, ihre Schmerzen haben nachgelassen. Und sie hat Vater angerufen und ihm regelrecht befohlen, erst noch seine Tour zu Ende zu machen.« Adil verzieht das Gesicht. »Sie war richtig sauer, dass ich mich eingemischt habe.«

Mir liegt ein »Siehste!« auf der Zunge, aber das verkneif ich mir und sichere mir lieber noch das dickste Stück Konfekt. Und wie zur Belohnung verliert Adil plötzlich das Predigerhafte und wirkt ganz normal.

»Ma fragte mich, ob ich wüsste, was dir Kummer macht. Du würdest schon seit Wochen etwas mit dir herumschleppen. Stimmt das?«

»Wenn sie damit meint, dass ich es hasse, wie du versuchst, an mir herumzuzerren, dann schleppe ich das nicht nur seit Wochen mit mir herum«, zische ich. »Hast du ihr gesagt, dass du fast alle meine Videospiele einkassiert hast? Und dass wir nur noch eine halbe Stunde täglich mit der Konsole spielen dürfen, als ob das Ding dir alleine gehören würde?«

»Sie macht sich Sorgen, weil wir Geschwister uns in letzter Zeit nicht gut vertragen«, fügt Adil noch hinzu, ohne auf meinen Vorwurf einzugehen.

»Siehste!«, trumpfe ich auf und meine Zurückhaltung stirbt einen frühen Heldentod.

»Ich habe es nicht über mich gebracht, ihr zu erzählen, dass Nadia weg ist.« Adil wirkt ausnahmsweise kleinlaut, was mir ein nicht sehr feines Gefühl der Genugtuung verschafft. »Weißt du nicht, wo sie sein könnte?«

»Ich kenne nicht mal Stefans Nachnamen richtig«, erwidere ich und versuche angestrengt, mich daran zu erinnern. »Kannengießer, Kernbeißer, ziemlich idiotisch jedenfalls. Aber vielleicht steht er sowieso nicht im Telefonbuch.«

»Und du hast keine Ahnung, wo er abends hingeht?«

»Nö, wie denn? Ich darf ja nicht raus, weil ich angeblich noch zu jung bin. Nadia hat bloß mal was von einer schummrigen Jazz-Kneipe erzählt, wo sie gern hingegangen wäre.«

Adils Augen leuchten auf. »Jazz also, aha! Das dürfte nicht allzu schwierig sein.«

»Willst du etwa jetzt alle Jazz-Kneipen abklappern? Und wenn du ihn tatsächlich findest, was willst du dann machen? Ihn zusammenschlagen und Nadia an den Haaren nach Hause schleifen?«

Adils verletzter Blick macht mich beinahe weich, aber nur beinahe.

»Du weißt ja sowieso nicht, wie Stefan aussieht.«

»Ich glaube doch. Immerhin hing seine grinsende Visage wochenlang über Nadias Bett, bis Ma herauskriegte, dass er gar kein ferner Schauspieler ist, sondern ein Kerl hier aus Berlin. Sie fand das nämlich auch nicht gut, dass Nadia sich einfach an so einen Typen wegwirft.«

»Das hat Ma garantiert nicht gesagt«, protestiere ich. »Sie wollte bloß nicht, dass Pa was merkt. Dann hätte er nämlich womöglich wie die gesamte Iskanderun-Sippe reagiert und ein Riesentheater gemacht. Dabei war noch gar nicht sicher, ob die ganze Angelegenheit nicht in ein paar Wochen auch so ausgestanden und Stefan längst Geschichte ist.«

»Es scheint aber so, als wäre die Sache keineswegs ausgestanden.«
Adil ist wieder ganz selbstgefällig.

»Das ist aber nicht Stefans Schuld«, werfe ich ein.

»Es nützt nichts, wenn wir uns hier gegenseitig anblaffen, wir müssen
etwas tun.« Er steht entschlossen auf.

»Ich komme mit, und wenn du zehnmal sagst, dass ich zu jung bin.
Ich sehe viel älter aus, als ich bin, und mit dir zusammen komm ich in
jeden Schuppen rein.«

»Träumer! Außerdem muss einer hier bei Ma bleiben.«

Schon zum dritten Mal hat er das steife »Mutter« aufgegeben. Das
ist immerhin etwas. »Könnten wir nicht Tante Lissie bitten, sich um Ma
zu kümmern?«

»Ist ein bisschen peinlich, oder?«

»Find ich nicht. Ich frag sie.« Und ehe Adil es sich anders überlegen
kann, schlüpfe ich aus der Wohnung.

Tante Lissie wohnt unter dem Dach und ist gar nicht unsere richtige
Tante, aber weil sie schon auf uns aufgepasst hat, als wir noch kleine
Kinder waren, gehört sie fast zur Familie. Und sie ist auch sofort bereit,
für ein paar Stunden nach unten zu kommen. Bewaffnet mit ihrem
legendären Strickstrumpf – immer nur dunkelgrüne Socken, stets mit
demselben Muster, und alle kratzen entsetzlich! – und der Fernseh-
zeitung, wo sie sich angekreuzt hat, was sie keinesfalls verpassen will,
trippelt sie hinter mir her. Und sie versichert Adil herzlich, dass es ihr
eine Freude ist, unserer lieben Mutter einen Gefallen zu tun. Die helfe
ihr doch auch immer, wenn es darum geht, etwas vom Arzt oder aus
der Apotheke zu holen.

Wir haben es schon beinahe bis zur Tür geschafft, als mir auffällt,
dass Adil immer noch seine Heiligenkluft anhat.

»So kannst du aber nicht gehen«, flüstere ich ihm zu.

»O shit!« Mit diesem herrlich »un-Adiligen« Ausruf verschwindet er in seinem Zimmer, um kurz darauf in Jeans und Lederjacke wieder aufzutauchen.

Draußen wird es schon dunkel, trotzdem habe ich das Gefühl, dass Adil unsere Straße schnell hinter sich lassen will, um in diesem Aufzug nicht gesehen zu werden.

»Kann man eigentlich nicht auch in so einer Lederjacke ein guter Muslim sein?«, frage ich halb spöttisch, halb ernst.

»Klar!«, meint Adil und wirft mir einen prüfenden Blick zu. »Das weißt du doch ganz genau. Glaube ist in erster Linie eine Sache des Herzens.«

Daran werde ich ihn demnächst erinnern, wenn er wieder einen seiner Koller kriegt, nehme ich mir vor und renne neben ihm die Treppen zur U-Bahn hinunter. Weil Adil arbeitslos ist, hat er wenig Geld, und weil er wenig Geld hat, besitzt er kein Auto. Ich weiß, dass ihn das maßlos frustriert, auch wenn er immer die muslimische Tugend der Bescheidenheit herauskehrt und uns erklärt, dass man in Berlin eigentlich gar kein Auto braucht. Nach zigmaligem Umsteigen bin ich mir da aber nicht mehr so sicher.

Adil kennt sich noch erstaunlich gut in der Szene aus. Er pickt die Kneipen heraus, die wirklich zu Stefan passen könnten. Und keine hat einen Türsteher, der aufpasst, wer reinkommt. Ich kann mich also in jedem Laden in aller Ruhe umsehen. Wären wir nicht wegen Nadia unterwegs, würde ich es sogar genießen, mit meinem großen Bruder herumzuziehen. Selbst sein gepflegter Haarschnitt wirkt in dem Nachtlicht eine Spur abenteuerlich.

»Da hinten ist Britta«, brülle ich gegen den Lärm einer Live-Band an und lenke Adils Blick zu einem kleinen Grüppchen an der Tür. »Die kennst du doch auch! Nadia war mit ihr in dieser Sportgruppe.«

Adil geht zu ihr hin und stellt ein paar Fragen. Britta schüttelt den Kopf und schiebt ihm dann einladend ein volles Bierglas hin.

Adil und Alkohol – undenkbar! Jetzt wird er bestimmt zu Eis, fürchte ich. Aber Pustekuchen! Adil schiebt nur das Glas zurück und scheint sogar zu scherzen. Wenn ich es nicht besser wüsste, würde ich sagen, dass er mit Britta flirtet! Vielleicht versetzt ihn das Outfit seiner wilden Zeiten in lockere Stimmung.

»Sie hat Nadia schon seit Tagen nicht mehr gesehen«, berichtet mir Adil, als wir wieder auf der Straße stehen. »Aber sie kennt diesen Typen gut.«

»Stefan?«

»Ja, er soll in dem Wohnheim bei der Musikhochschule wohnen.«

»Dann nichts wie hin. Worauf warten wir noch?«

»Ich weiß nicht, es ist schon spät. So ein Wohnheim ist etwas anderes als eine Kneipe.«

»Lass es uns wenigstens versuchen.«

Adil gibt nach und wir fahren zur Musikhochschule. Dann fragen wir uns durch, bis wir das Wohnheim gefunden haben. Die Straße ist düster und ein hoher Baum wirft gerade seinen Schatten auf die Haustür, sodass wir keines der Schilder an den Klingeln lesen können.

»Wenn du doch bloß nicht das Rauchen aufgegeben hättest«, stöhne ich verzweifelt.

Aber Adil zaubert plötzlich sein Feuerzeug hervor – er hat die alte Jacke an, na klar! – und leuchtet die Reihe entlang.

»S. Klingspor, das ist er!«, rufe ich aufgeregt.

»Psst, nicht so laut.«

»Wieso? Die ganze Stadt ist laut.« Ich drücke auf den Knopf, einmal, zweimal, dreimal, bis Adil mir die Hand wegreißt.

»Du musst nicht gleich Sturm läuten!«

Wir warten und ich schaue an dem Haus hoch. Es ist ziemlich alt und sieht genauso aus, wie Nadia die Häuser liebt: gemütlich und mit viel Stuck. Drei Fenster sind erleuchtet, der Rest ist dunkel.

Jetzt klingelt Adil noch einmal. Nichts rührt sich.

»Die sind sicher weg«, sage ich. »Es ist nicht mal halb elf.«

»Ja, wahrscheinlich.«

»Sollen wir eine Nachricht schreiben?«

Adil überlegt einen Moment. »Nein, besser nicht. Lieber komme ich morgen früh noch einmal her.«

Auf dem Nachhauseweg ist er ziemlich still. Und als ich mir ein paar Fritten kaufe, weil ich tatsächlich wieder Hunger bekommen habe, schaut er mir so merkwürdig lächelnd beim Mampfen zu, dass es fast beklemmend ist.

Der wirkliche Tiefschlag kommt aber erst in der Wohnung. Tante Lissie hat uns eine hastig hingekritzelte Nachricht hinterlassen, dass meine Mutter wegen ihres Magens ins Krankenhaus gebracht worden ist. Wir drehen auf der Stelle um und rasen los. Schon nach kurzer Zeit bekomme ich Seitenstechen, so schnell rennt Adil vor mir her. An der großen Kreuzung winkt er das erstbeste Taxi heran und befiehlt dem Fahrer, sich zu beeilen. Der ist zum Glück nicht eingeschnappt, weil dermaßen viel Panik in Adils Stimme mitklingt. Mir schnürt die Angst die Kehle zu, und während wir durch die nächtlich beleuchtete Stadt fahren, bete ich im Stillen immer wieder ein und dieselbe Litanei vor mich hin: »Bitte, lieber Gott, lass Ma nicht sterben! Mach, dass alles wieder gut wird. Bitte, bitte, lass sie nicht sterben!« Die Scheinwerfer der entgegenkommenden Fahrzeuge tauchen Adils versteinertes Gesicht regelmäßig in gespenstisch helles Licht. Als wir endlich beim Krankenhaus ankommen, drückt er dem Fahrer hastig einen Schein in die Hand und wartet nicht einmal auf das Wechselgeld. Die Frau an der Pforte weist uns hilfsbereit den Weg zur Notaufnahme. »Lieber Gott, bitte …!« Wir laufen durch die stillen Korridore und mir kommt es so vor, als lauere in allen Ecken der Tod. Nicht der laute, mit grässlichen Fratzen, kochendem Höllenfeuer und tobendem Lärm, sondern der kalte, stille, mit den leichenblassen Fingern, der heimlich kommt und das Lebenslicht ausbläst, bevor man überhaupt kapiert hat, dass er unterwegs war. »Bitte, lieber Gott, lass sie nicht sterben!«

Unwillkürlich rücke ich näher an Adil heran. Er zieht mich in den Aufzug und lässt dann meine Hand nicht wieder los, bis wir auf der Notfallstation angekommen sind. Dort wird uns mitgeteilt, dass unsere Mutter inzwischen auf die Intensivstation verlegt worden ist. Mir rutscht das Herz in die Hose und Adil wird noch eine Spur blasser, als er ohnehin schon ist.

Die Intensivstation ist besonders abgeschottet mit Glastüren und Vorräumen, da dürfen wir bestimmt nicht hinein. Eine freundliche, aber übernächtigt wirkende Krankenschwester rät uns, nach Hause zu gehen. »Eure Tante habe ich gerade eben auch schon fortgeschickt. Im Moment könnt ihr nichts für eure Mutter tun. Besser, ihr schlaft ordentlich und kommt am Vormittag wieder.«

Adil lässt sich nur äußerst widerstrebend dazu überreden und schreibt ihr unsere Telefonnummer auf, mit der Bitte, ihn bei jeder Änderung sofort zu benachrichtigen. Wieder zu Hause falle ich wie ein Stein ins Bett.

Als ich aufwache, ist es heller Tag. Die Schule! Ich habe total verschlafen. Aber dann fällt mir alles wieder ein. Ma ist im Krankenhaus und ich liege hier gemütlich im Bett! Wieder einmal ist die Wohnung so still wie ein Grab, wieder liegt eine Notiz im Flur. Ich fange an, mich vor diesen Zetteln zu fürchten. »Lieber Tarik! Lass die Schule ruhig sausen und schlaf dich richtig aus. Ich war heute Morgen bereits im Krankenhaus. Ma ist zwar immer noch auf der Intensivstation, aber der Arzt sagt, ihr Zustand sei einigermaßen stabil. Sie muss jedoch operiert werden, wahrscheinlich schon heute Nachmittag. Pa weiß Bescheid.

Mach dir keine Sorgen. Ich melde mich sofort, wenn sich etwas Neues ergibt. Dein Adil.«

Mach dir keine Sorgen? Witzbold! Mir wird ganz anders, wenn ich nur an eine Operation denke! Ich starre auf den Zettel. »Lieber Tarik ... Dein Adil.« Wann hat Adil mir je einen Brief geschrieben? Ich ziehe dieselben Sachen an wie gestern, die ich einfach nur neben dem Bett fallen gelassen hatte. Als ich die Hose aufhebe, liegen darunter meine Videospiele und Alben! Adil muss sie noch heute Morgen unter den Kleiderhaufen geschoben haben, bevor er ging. »Lieber Tarik ... Dein Adil.« Diese Geste haut mich irgendwie um, obwohl mir jetzt überhaupt nicht der Sinn nach schnellen Rhythmen oder rasanten Videospielen steht. Statt Ablenkung hätte ich lieber etwas, woran ich mich festhalten kann. Langsam beginne ich zu kapieren, was Ricardo meinte. Wenn doch nur Pa hier wäre. Der weiß zwar nicht immer eine Antwort, dafür hat er aber starke Arme. Und im Moment fühle ich mich eher wie vier statt wie vierzehn. In der Küche gibt mir der Anblick des gedeckten Tischs endgültig den Rest. Bei allem Elend hat Adil noch an mein Frühstück gedacht, inklusive meines Lieblingskäses! Ich heule wie ein Schlosshund und tränke das frische Brot, die Tomaten, Oliven und den Käse mit Rotz und salzigen Tränen!

Wie schafft Adil es bloß, so stark zu bleiben? Kriegt er von Gott eine Extraportion Kraft, weil er so viel betet? Ich schleiche, noch auf Strümpfen, zu seinem Zimmer und komme mir dabei vor, als ob ich etwas Verbotenes tue. Adils Bett ist wie immer ordentlich gemacht. Ich setze mich auf die gewebte Tagesdecke und schlinge die Arme um die Knie. Der Geruch nach Rosen ist zwar schwächer als gestern, aber noch da. Gibt es eigentlich ein islamisches Gebet für Notfälle? Bestimmt! Großvater rezitiert in allen Lebenslagen die erste Sure des Koran. Aber nicht einmal die kann ich richtig. Meine Cousins können das und noch viel mehr. Sie sind alle in Koranschulen gegangen, wir hingegen nicht, worüber ich auch froh war. Eigentlich bin ich das immer noch, aber es wäre doch schön, ein klitzekleines Gebet zu kennen, etwas Stärkeres als mein hilfloses Gestammel. Obwohl, das sollte genauso gut bei Gott ankommen. – Wie fängt die Sure noch an? Am Anfang steht natürlich, wie bei allen, ein »Bismillah«, im Namen Gottes. Ich denke fest an meine Mutter und spreche laut: »Bismillah!« Das klingt total unpassend, denn nicht nur dass es oft als verkürztes Tischgebet gesprochen wird, auch beim Schafeschlachten wird es gesagt, bevor das Messer angesetzt wird. Das Messer! Die Operation! Wenn ich hier in der Wohnung bleibe, werde ich noch verrückt. Schnell stehe ich auf, streiche die Sitzkuhle glatt und ziehe mir im Flur die Schuhe an. Als ich die Wohnung verlasse, taucht oben am Geländer Tante Lissies Kopf auf.

»Adil?«, fragt sie.

»Nein, ich bin's!« Kurz berichte ich ihr das wenige, das ich von meiner Mutter weiß, und gehe dann, begleitet von Tante Lissies besorgten Ratschlägen und guten Wünschen, nach unten.

Diesmal nehme ich die U-Bahn und bin in einer Viertelstunde beim Krankenhaus. Tagsüber, wenn viele Besucher ein und aus gehen, scheint sich der lauernde Tod verzogen zu haben, aber ich weiß, dass das nur so aussieht. In Wirklichkeit stirbt bestimmt in genau diesem Moment in einem der Krankenhäuser dieser Stadt ein Mensch, während die Besucher weiter ein und aus gehen, reden, lachen und daran denken, was sie gleich machen werden, wenn sie diesen Ort des Schreckens hinter sich gelassen haben.

»Du denkst zu viel!«, höre ich wieder Nadias Stimme im Ohr, als ich im Aufzug nach oben fahre. Und dann sehe ich Nadia leibhaftig vor mir, im Flur vor der Intensivstation. Sie sieht zerzaust und verheult aus, aber als sie mich erblickt, hellt sich ihr Gesicht auf.

»Rik!« Mit einem Aufschrei wirft sie sich in meine Arme und schmeißt mich dabei fast um.

»Hi, Nadia!«, murmle ich und drücke sie etwas verlegen. »Hat Adil dir heute Morgen Bescheid gesagt?«

»Ja, tut mir übrigens leid, dass ich einfach so abgehauen bin, ohne dir was zu sagen. Alles tut mir leid, aber ich war so schrecklich verzweifelt. Und jetzt … jetzt ist alles ganz anders und doch viel schlimmer … Wenn Ma … wenn Ma … « Nadia schluchzt auf. Ich schaue mich Hilfe suchend um und da ist Adil auch schon zur Stelle und führt Nadia sanft zu einem Stuhl, wo sie wie ein Häufchen Elend hocken bleibt und ihr klitschnasses Taschentuch knetet.

»Durftest du zu Ma rein?«, frage ich Adil leise.

»Ja, einmal, ganz kurz. Sie wollte, dass ich mit ihr bete, das gäbe ihr Kraft. Und dann sagte sie noch, ich wäre ihr eine so große Stütze, dabei habe ich alles total falsch gemacht.« Adils Stimme kippt und er lässt sich neben Nadia auf den Stuhl sinken.

»Ach Quatsch!« Ich tätschle ihm unbeholfen den Rücken. »Du hast nur ein bisschen übertrieben.«

»Adil hat schon immer alles zweihundertprozentig gemacht.« Nadias Gesicht taucht nach einem wackeligen Schnaufer aus ihrem Taschentuch auf. »Mit halben Sachen gibt er sich nie zufrieden. Erinnerst du dich noch an diese Phase, als er unbedingt Tiefseetaucher werden wollte und in der Badewanne Luftanhalten geübt hat?«

Adil steigt etwas Farbe in die Wangen und er verzieht leicht den Mund.

»Wir durften damals nichts verraten, aber Ma … aber Ma … « Nadia bricht ab und presst das Taschentuch auf die Augen. Wimmernd bewegt sie den Oberkörper hin und her.

Nun mache ich mir auch noch um Nadia Sorgen. Am Ende des Flurs, hinter einer weiteren Glasscheibe, geht schon die ganze Zeit ein Mann auf und ab, aber erst jetzt erkenne ich, dass es Stefan ist. Besorgt schaue ich zu Adil, ob er ihn bemerkt hat. Natürlich hat er! Wir sehen uns kurz an, dann steht Adil plötzlich auf und geht den Flur hinunter. Ich höre, wie die beiden etwas reden, dann macht Adil die Tür auf und Stefan schlüpft hindurch. Nadia schluchzt mittlerweile in beängstigend kurzen Stößen, aber als Stefan sich neben sie setzt und sie in die Arme nimmt, wird sie ruhiger. Ich werfe Adil einen dankbaren Blick zu.

Die Zeit vergeht unendlich langsam. Wir tigern den Gang auf und ab, setzen uns wieder hin, um kurz darauf aufs Neue aufzustehen. Adil nervt alle Augenblicke die Schwestern, die ihm nach wie vor nichts Neues sagen können und nur mitleidig den Kopf schütteln. Stefan holt von unten Saft und Kekse für uns alle, aber bis auf ein paar Schlucke bringt keiner etwas runter.

Dann wird es plötzlich unruhig, mehrere weiß und grün Bekittelte tauchen auf und einer möchte mit einem Angehörigen sprechen. Adil strafft sich und steht auf. Der Arzt redet, Adil nickt ab und zu und schreibt dann etwas in ein Formular. Die Ärzte verschwinden wieder und dann erscheint eine Krankenschwester und sagt: »So, jetzt könnt ihr mal feste an eure Mutter denken.«

Ich setze mich auf den Stuhl neben Adil und halte mich an seinem tröstenden Händedruck fest. Er hat die Augen geschlossen, aber seine Lippen bewegen sich. Mir ist so schlecht, dass ich nicht einmal ein stammelndes Gebet sprechen kann.

Und endlich kommt mein Vater. Mit wehendem Mantel fliegt er mehr, als dass er läuft. Er sieht ganz bleich und alt aus. Nadia springt erschrocken auf, spricht zusammenhangloses Zeug, aber mein Vater merkt überhaupt nicht, dass sie in Stefans Armen war. Wie abwesend gibt er dem verdutzten Stefan die Hand, klopft Adil auf die Schulter, streicht Nadia übers Haar und nimmt mich kurz in den Arm.

»Wird sie schon operiert?«, fragt er und weist auf die Tür, hinter der sich alles entscheidet.

»Ja, seit zehn, zwanzig Minuten vielleicht.« Adils Stimme gleicht der meines Vaters aufs Haar, beide klingen wie ein Reibeisen, auf dem rostige Nägel geraspelt werden.

Warum kann ich meine Gedankenmühle nicht abstellen? Wieso muss ich an rostige Nägel und solch albernes Zeug denken, während Ma da drinnen um ihr Leben kämpft?

Mein Vater fragt Stefan, ob er eine Zigarette hat, dabei raucht er schon seit Jahren nicht mehr. Stefan, als guter Sportstudent, auch nicht. Er holt ihm einen Kaffee. Mein Vater kippt die heiße Brühe in einem Zug hinunter und läuft dann ebenfalls hin und her. Drei Schritte nach rechts, zackige Kehrtwende, drei Schritte nach links, Kehrtwende … Dabei murmelt er halblaut vor sich hin: »Bismillahi r-Rahmani r-Rahim! AlHamdu Lillahi Rabbi al-Alamin … «*

Und mir wird klar, dass ich meinen Vater doch nicht so gut kenne, wie ich dachte. Sogar Nadia spricht das Gebet leise mit. Warum können sie das und ich nicht? Wo war mein Kopf, als wir damals bei Großvater zu Besuch waren?

Nach einer Ewigkeit öffnet sich die Tür zum Operationssaal und eine Schwester streckt den Kopf hinaus. »Sie hat alles gut überstanden.«

Wir fallen uns in die Arme. Ich merke, wie mein Vater regelrecht zusammensackt und Adil ihn stützen muss. Stefan bespricht leise etwas mit Nadia und geht dann, nach einem kurzen Gruß, fort.

»Kommst du wieder nach Hause?«, frage ich Nadia flüsternd.

Die nickt. »Stefan wollte sowieso nicht, dass ich bei ihm bleibe. Er mag es nicht heimlich und verboten.«

»Klingt gut«, sage ich, obwohl ich glaube, dass sie trotz allem noch einige Kämpfe zu Hause auszustehen haben wird.

---

* Im Namen Gottes des Barmherzigen, des Erbarmers! Gelobt sei Gott, der Herr der Welten …

Und dann reden wir vor lauter Erleichterung über vergangene oder völlig unwichtige Sachen. Während mein Vater gleich zweimal hintereinander von dem Stau erzählt, in dem er steckte, macht Nadia Bemerkungen über die schäbige Einrichtung des Warteraums. Adil fragt alle Augenblicke, ob er etwas zu trinken holen soll, und ich überlege laut, warum man immer gleichzeitig friert und schwitzt, wenn man Angst hat.

Schließlich fahren Adil, Nadia und ich nach Hause. Mein Vater will unbedingt dableiben, auch wenn er in den nächsten Stunden höchstens einen Blick durch dicke Glasscheiben auf meine Mutter werfen darf.

In der U-Bahn sagt Nadia leise zu mir: »Wir dürfen jetzt aber nicht aufhören, für Ma zu beten. Damit sie schnell wieder gesund wird.«

»Ja«, flüstere ich zurück. »Und wir kümmern uns um sie und machen nicht so viel Dreck. Eben all das, was Adil meint, wenn er davon redet, dass eine Mutter an den ersten drei Stellen der Zuneigung zu stehen hat, vor allen anderen Menschen.«

»Meinst du, wir lernen auch, unsere Zimmer so in Ordnung zu halten wie er?«

»Na, ich weiß nicht …«

Und dann werkeln wir drei in der Küche. Das ist nie da gewesen. Adil, immer noch in Jeans, setzt einen Riesentopf Nudelwasser auf, Nadia schneidet Gemüse für die Soße und ich reibe Unmengen Käse. Plötzlich haben wir alle einen Bärenhunger.

Während Adil vor dem Herd steht, fängt er an zu reden. Dabei sieht er keinen von uns an, sondern den Salztopf. »Ich möchte gerne etwas klarstellen. Wisst ihr, Islam hat viel mit dem richtigen Lebenswandel zu tun, mit Liebe und Freigebigkeit, mit Bescheidenheit und einem guten Charakter. Ich glaube, das anzustreben ist der richtige Weg für mich, und ich dachte eben auch, das sei er für uns alle. Nur habe ich wohl vergessen, dass genauso Großmut und Gerechtigkeit, Milde und Friedfertigkeit dazugehören und dass man den anderen achten soll. Tut mir leid, dass ich euch in meinem Eifer das Leben schwer gemacht habe.«

»Ist schon okay, großer Bruder.« Nadia gibt ihm einen Kuss auf die Wange und rührt dann wieder die Zwiebeln um. Ob ihre feuchten Augen daher oder von der inneren Rührung kommen, bleibt ungewiss.

»Ja, wenn es für dich wichtig ist, ist das vollkommen in Ordnung«, sage auch ich. »Solange du nicht an mir herumerziehst ... Da fällt mir ein, geh doch mal zu Ricardo, der will unbedingt mehr über den Islam wissen, das hat er mir selbst gesagt.«

»Echt?« Adils Augen leuchten auf. »Das mach ich. Wenn Ma völlig gesund ist.«

Ich muss einfach grinsen, denn das klingt wieder ganz wie der alte Adil.

Schoscha

Judith N. Klein

»Als die Tora dem Volk Israel übergeben wurde, hatte jeder Vers 2 400 000 Bedeutungen! Versucht doch mal, das zu erklären!« So beginnt Herr Weil seinen Unterricht über die fünf Bücher Mose, die Tora. Schoscha ist sprachlos: 2 400 000 Bedeutungen für einen einzigen Vers? Unmöglich! Wahnsinn! Sie blickt in die Runde: Igor, Jossi und Rosana scheinen ebenso verblüfft zu sein wie sie …

»Na, meine Lieben, könnt ihr nicht rechnen? Als die Tora dem Volk Israel übergeben wurde, standen 600 000 Juden am Berg Sinai. Jeder Einzelne von ihnen ist eine einzigartige Persönlichkeit und jeder Einzelne hat seine Art, die Worte der Tora zu verstehen – macht also 600 000 Bedeutungen. Und jeder Vers hat, so sagen unsere Weisen, vier Bedeutungsebenen: den wörtlichen Sinn, den übertragenen Sinn, den verborgenen, geheimen Sinn und den Sinn, nach dem gesucht, geforscht wird. 600 000 mal vier, das ergibt 2 400 000.«

Schoscha macht große Augen, ihre Stirn legt sich in Falten, nur einzelne Worte dringen noch an ihr Ohr: … Berg Sinai … Offenbarung … Schabbat … Wenn Herr Weil recht hat, dann ist die Bedeutung, die sie, Schoscha, in einem Vers der Tora findet, wichtig und kommt zu den 2 400 000 noch hinzu. Aber sind es in Wirklichkeit nicht viel mehr Bedeutungen? Gestern noch dachte sie: Ein Vers hat eine einzige Bedeutung, heute erfährt sie, dass es Bedeutungen gibt wie Sand am Meer.

Schoscha fällt Herrn Weil ins Wort: »600 000 Bedeutungen für 600 000 Juden? Jeden Tag ist man ein anderer und sieht die Dinge anders. Auf einen Juden könnten also in einem Jahr mehr als 300 Bedeutungen kommen.«

»Stimmt, Schoscha! Das ist endlos! Aber vergiss nicht, diese Zahlen sind nur Symbole, sie beziehen sich auf einen einzigen Augenblick, in dem du ebendiese bestimmte Schoscha bist und noch keine andere. Dabei ändert sich der Sinn eines Verses oder eines Textes eigentlich ständig, er ist unerschöpflich.«

Unerschöpflich, unerschöpflich … hallt es in Schoscha nach. Unwillkürlich sieht sie ein Meer vor sich, über ihm wölbt sich der Himmel – so hoch und tiefblau, dass er das Weltall zu enthalten scheint … Da hört sie die Stimme Rosanas:

»Verändert sich nicht auch die Religion insgesamt? Die Welt verändert sich doch und stellt der Religion neue Aufgaben.«

»Ganz richtig«, sagt Herr Weil, »die jüdische Religion, die vor mehreren Jahrtausenden entstanden ist, darf sich weiterentwickeln. Sie hat sich seit ihren Anfängen stark gewandelt. Um ein Beispiel zu nennen, das euch ganz unmittelbar betrifft: Früher gab es für Mädchen keine Bat-Mizwa-Zeremonie*. Frauen waren und sind von vielen Geboten

---

* Bat-Mizwa (»Tochter des Gebots«): Jüdische Mädchen erreichen mit zwölf Jahren die religiöse Volljährigkeit. Die aus diesem Anlass gefeierte Zeremonie heißt ebenfalls Bat-Mizwa. Jungen müssen dreizehn Jahre alt werden, um Bar-Mizwa, »Sohn

befreit; sie hatten bloß diejenigen einzuhalten, die den Schabbat und gewisse Feste sowie das Haus, die Familie, die Nahrung und die ehelichen Beziehungen betrafen. Sie waren es, die viele der schönen Sitten und Bräuche pflegten und weitergaben, auf die sich unsere Tradition stützt: das Zubereiten der Speisen, das Anzünden der Schabbat-Lichter, die Segenssprüche usw. Im Gottesdienst hatten sie keine Aufgaben zu erfüllen. Heute gibt es jüdische Frauen, die Gleichberechtigung im Gottesdienst fordern. Wir müssen die Tradition wahren und zugleich zu Veränderungen bereit sein.«

Dieser Gedanke gefällt Schoscha: Zugleich zurück und nach vorne zu blicken, das sind nur zwei, nicht Hunderte von Richtungen, das gibt ein bisschen Halt!

Schoscha weiß nicht viel vom Judentum, denn sie ist in der Ukraine geboren, wo man die jüdische Religion nicht immer gerne sah. Elischa, Schoschas Mutter, die eigentlich Elischewa heißt, hat dort trotzdem die Feste mit ihren Eltern gefeiert, aber Hebräisch kann sie nicht, die heiligen Texte kennt sie kaum. Jetzt arbeitet sie von Montag bis Freitag im städtischen Ausländeramt und findet wenig Zeit zum Lernen. Sie scheint aber einen sechsten Sinn für diese Religion zu haben: Immer kommt sie mit originellen Ideen und Erklärungen … Wie viel wohl Nathan, Schoschas Vater, weiß? Sie sieht ihn plötzlich vor sich, seinen feinen Mund, seine weißen Zähne, seine dunkelbraunen Locken. Er lächelt ihr zu und sagt: »Rat mal, was ich hier für dich habe!« Schon öffnet er seine große Hand: Eine wunderbare, rosafarbene Muschel liegt da. Schoscha nimmt die Muschel in die eine Hand und streckt dem Vater die andere hin. Sie gehen am Ufer des Schwarzen Meeres entlang … Wann war das bloß?

---

des Gebots«, zu werden. Nach orthodoxer Tradition müssen sie dann die Mizwot – die religiösen Gebote und Verbote – erfüllen.

Da hört Schoscha Herrn Weil sagen: »Vergangenheit kann Gegenwart werden. Jeder Jude sollte während der Tora-Lesung am Schabbat das Gefühl haben, er würde selbst am Sinai stehen und die Offenbarung aus Gottes Mund vernehmen.«

Jetzt lebt Nathan dort unten in Israel. Schoscha kennt sein jetziges Leben kaum.

Er ist nicht mit nach Deutschland gekommen, hat Angst vor den Deutschen gehabt … Was sie den Juden angetan haben, verzeihe ich ihnen nie, hat er gesagt. Auch Elischa hat Bedenken gehabt: Ist Deutschland der richtige Ort? Jedenfalls ist Deutsch die richtige Sprache, denn ich beherrsche sie schon gut, hat sie gesagt und ist mit Schoscha nach Deutschland gegangen. Irgendwo muss jeder sein und Schoscha ist jetzt hier.

›Die Deutschen‹ gibt es nicht, denkt sie gerade und lässt ihre Schulfreunde an ihrem inneren Auge vorbeiziehen: Max, Thea, Julia. Jeder ist ganz verschieden vom anderen und jeder träumt von einem anderen Land. Ich träume sogar von mehreren Ländern, von mehreren Städten,

von Odessa, wo Großmama und Tante Tamara leben,

von Paris, wo Onkel Doron lebt,

von Philadelphia, wo Onkel Theo, Tante Sofia und Sonia leben,

von London, wo Tante Betty und Aron leben,

von Jerusalem, wo Papa lebt …

Schoscha stellt sich vor, die Großmutter, die Onkel und Tanten, die Cousins und Kusinen kämen zu ihrer Bat-Mizwa und natürlich Nathan, den sie schon sechs Jahre nicht mehr gesehen hat. Außer auf Fotos. Hoch über den Häusern sitzt er fast in den Wolken. In einem Kran. Er ist kein Angsthase, denkt sie jetzt, vielleicht kommt er zu meiner Feier nach Deutschland …

Da stupst Rosana sie an und sagt: »Schreib auf, Psalm 150!«

»Was ist mit Psalm 150?«, fragt Schoscha Rosana, als sie das Gemeindezentrum verlassen. Die beiden Freundinnen machen sich auf den Nachhauseweg, den sie ein Stück gemeinsam gehen können.

»Hast du gepennt? Den lesen wir im Anschluss an den Gottesdienst bei unserer Bat-Mizwa vor. Nur die Jungen dürfen aus der Tora lesen«, sagt Rosana und zieht eine Schnute, als fühle sie sich gedemütigt.

»Sei doch froh, dass wir uns nicht so abrackern müssen«, meint Schoscha.

»Du hast recht. Übrigens, in Amerika ist das anders. Da haben viele Gemeinden für Mädchen den Tora-Vortrag oder die Lesung des Prophetenabschnitts eingeführt. Sagt jedenfalls mein Vater.«

»Ach, wirklich! Ich könnte mal meinen Vater fragen, wie das in Israel läuft ... «

»Kommt dein Vater eigentlich zu deiner Bat-Mizwa?«

»Ich weiß nicht ... Mach's gut, bis nächsten Sonntag«, sagt Schoscha. Die beiden sind an der Stelle angekommen, wo ihre Wege sich trennen.

Abendsonne durchflutet den kleinen Flur, als Schoscha die Wohnung betritt. Sie will der Mutter schnell von dem Neugelernten berichten.

»Elischa! Mama! Wusstest du das schon?«, fällt sie mit der Tür ins Haus. »Es gibt 2 400 000 Möglichkeiten, die jüdische Religion zu verstehen, und sogar noch mehr als 2 400 000«, und sie wiederholt, was sie von Herrn Weil gelernt hat: Jeder Gedanke gilt, jeder Vers hat vier Ebenen.

»Lass dir erst einmal 2 400 000 und noch mehr Küsse geben. Wie klug du bist!« Nach einer Weile fügt Elischa hinzu: »Aber es muss doch etwas Besonderes, etwas Entscheidendes in unserer Religion geben!?«

»Herr Weil ist noch nicht damit herausgerückt. Vielleicht gibt es 2 400 000 entscheidende Dinge; dann wird er lange brauchen, um sie uns zu zeigen. – Vielleicht ist es das ›Schma‹, das: ›Höre Israel, der Ewige, unser Gott, der Ewige ist einzig‹?«

»Auch andere Religionen haben einen einzigen Gott«, sagt Elischa.

»Ja, aber die Juden, sagt Herr Weil, waren die Ersten, denen sich die Einheit und Einzigartigkeit Gottes offenbart hat. Und Gott hat mit Abraham und allen seinen Nachkommen einen Bund geschlossen. Das ›Schma‹ beginnt mit einer Aufforderung Gottes an sein Volk. Das ist bestimmt was Besonderes.«

»Kannst du das ›Schma‹ schon auf Hebräisch lesen, Schoscha?«

»Sogar schreiben kann ich ›Schma‹.« Schoscha zieht ein Stück Papier aus ihrem Rucksack und schreibt: ... שמע

Mutter und Tochter sitzen sich gegenüber, beide mit dem schönen »sch« – hebräisch ש – im Namen, beide mit langen lockigen Haaren; das dunkelbraune Haar des Mädchens fällt, wie es will, die rotblonde Mähne der Mutter ist im Nacken zusammengebunden. Sie essen ihr Lieblingsessen: mit Spinat gefüllte Teigtaschen, ein Rest vom Vortag, den Elischa schnell aufgewärmt hat.

»Großmama hat die Piroggen immer selbst gemacht. Erst den Teig, dann die Füllung. Wenn welche übrig blieben, machte sie am nächsten Tag eine Suppe mit diesen Leckerbissen. Ich durfte sie mir aus der Suppe fischen. Das war wunderbar!«, sagt Elischa etwas wehmütig.

»Mama, ich könnte doch auch mal was kochen oder backen«, versucht Schoscha sie zu trösten. »Ich hab schon eine Idee. Ich könnte Charosset machen, oder darf man das nur an Pessach* essen?«

»Wieso? Wenn man gemahlene Nüsse, geriebene Äpfel, Zimt, ein bisschen süßen Wein oder Saft hat, kann man das immer machen. Hauptsache, man isst auch an Pessach Charosset, denn das soll an die

---

* Pessach: Hoher Feiertag, der an den Auszug des Volkes Israel aus Ägypten erinnert.

harte Arbeit in Ägypten erinnern, an den Mörtel, den die jüdischen Sklaven verwendeten. Ich freu mich jetzt schon drauf!«

»Auf den Mörtel?!«

»Du Spaßvogel! Auf dein Charosset! – Sag mal, bald ist doch deine Bat-Mizwa … Willst du nicht an Papa schreiben? Spricht nicht der Vater während der Zeremonie gewöhnlich einen Segen?«

»Weiß nicht … Das klappt sowieso nicht … Aber schön wäre es.« Schoscha räumt den Tisch ab und geht in ihr Zimmer. Sie lässt sich auf ihren kleinen Sessel fallen. Ihr Blick wandert durch den Raum: Dort die schöne Patchwork-Decke hat Großmama für sie gemacht. Und den Globus hat Onkel Doron ihr einmal mitgebracht. Nathan hat das Zimmer nie gesehen, geschweige denn mit eingerichtet … Halt, dort die Bilder über dem Bett hat er ihr doch geschickt! Schoscha kennt die Farbaufnahmen in- und auswendig: die rot bestickten dunklen Kleider der Beduininnen, die wie stille Wächter in der ockergelben Wüstenlandschaft stehen; die seltsamen Bäume am Meeresstrand, die mit dunkelroten Blüten übersät sind: Blühen diese Bäume oder ranken sich Blumen an den Stämmen und Ästen hoch? Die silbern glitzernden Wasserfälle, die zwischen den Felsen kleine Seen bilden, in denen nackte Kinder baden. Uralte Bilder … Schoscha setzt sich an den Schreibtisch und knipst die kleine Stehlampe an. Sie will ihrem Vater schreiben. Doch wie soll sie den Brief nur anfangen – nach den vielen Monaten, in denen sie nichts voneinander gehört haben? In welcher Sprache soll sie ihm schreiben? Auf Russisch? Das hat sie verlernt. Auf Hebräisch? Das dauert zu lang; denn sie kann zwar die hebräische Druckschrift, nicht aber die Handschrift. Also muss sie ihm auf Deutsch schreiben! Frau Zumtor, Nathans Vermieterin, stammt aus Deutschland und wird ihm den Brief schon übersetzen.

Lieber Papa, lange haben wir nichts voneinander gehört. Reichst du mit deinem Kran noch bis an die Wolken? Wird dir nicht schwindelig? Mir ist schwindelig, weil jeder Vers der Tora 2 400 000 Bedeutungen haben soll. Bald bin ich Bat-Mizwa! Wie feiert man das in Israel? Willst du wissen, wie wir das hier feiern? Dann komm doch und besuche uns. Sechs Jahre habe ich dich schon nicht mehr gesehen.

   Deine Schoscha

Schoscha bringt den Brief Elischa, die gerade Nachrichten hört. Vielleicht will sie noch etwas hinzufügen oder einen Brief beilegen? Ja, morgen. Elischa ist erschöpft – vom langen Tag? von den Nachrichten? vom Nachdenken? – Es ist spät geworden. Die beiden gehen ins Bett.

Hätte Schoscha nicht doch versuchen sollen, den Brief auf Hebräisch zu schreiben? Wie verliebt tanzen die hebräischen Schriftzeichen nun vor ihren Augen herum. Viele Jahrtausende haben sie auf dem Buckel! Doch sie sind immer noch lebendig. Da ist der Buchstabe ג – heißt er nicht gimel wie gamal, Kamel? Sieht er nicht einem Kamel mit lang gebogenem Hals ähnlich? Da ist der Buchstabe ב – heißt er nicht beit, Haus? Sieht er nicht wie eine Hütte aus? Zum Schutz ein Dach, eine Rückwand, ein Fußboden, und eine Öffnung hin zu den anderen Menschen? Und da mein Lieblingsbuchstabe ש – heißt er nicht schin, Zahn? Sieht er nicht wie eine umgekehrte Wurzel aus? – Ob man mit den hebräischen Buchstaben auch deutsche Wörter schreiben kann? Warum nicht? ג für g, ב für b, ש für sch ... Für »Tafel«: תפל, von rechts nach links, nur drei Konsonanten, die Vokale denkt man sich einfach hinzu. Die hebräische Grammatik ist ein Kapitel für sich, aber ein lustiges: Mit drei Wurzel-Konsonanten plus Vor-, Zwischen- oder Nachsilbe kann

151

man Dutzende, ja Hunderte von Wörtern und Formen bilden! Da gleitet Schoscha in den Schlaf. Die Szene bleibt im Traum dieselbe: der Tanz der hebräischen Buchstaben.

Wie wär's mit dem Wurzelspiel?, sagt Rosana. Was ist das?, fragt Schoscha.

Du wirfst drei Konsonanten ins Spiel und ich habe damit so viele Wörter zu bilden, wie mir einfallen. Schoscha ruft ש, ל, מ (schin, lamed, mem) und aus Rosana schnellt es hervor: schalom, le-schalem, schlomo … und immer so weiter, denn mit ש, ל, מ gibt es unendlich viele Wörter. Da sagt Herr Weil: Warum denn immer dieselbe Reihenfolge? Es gibt auch: schamal, lascham, lamasch, maschal, malasch … Immer gibt es sechs Möglichkeiten. Schoscha und Rosana lachen und rufen: Was für ein Schlamassel, was für ein Schlamassel!

Fast zwei Wochen sind vergangen. Es ist Freitag. Elischa sitzt am Frühstückstisch. Sie freut sich auf ihre Arbeit. Heute soll sie Neueinwanderer aus der Ukraine begrüßen und beraten. Da bekommt sie endlich mal wieder Neuigkeiten aus ihrem Geburtsland zu hören! Wo Schoscha nur bleibt? Da stürzt sie auch schon herein und begrüßt Elischa auf Hebräisch: »Boker tow!«

»Dobroje utro«, antwortet Elischa auf Russisch, »wollen wir nicht mal wieder ein bisschen russisch reden, Schoscha?«

»Bald! Erst lerne ich Hebräisch. Hör mal, Mama, vielleicht ist die hebräische Sprache das Entscheidende der jüdischen Religion? Man sagt ja heilige Schrift, heilige Sprache.«

»Deshalb wäre die hebräische Sprache das Wesentliche der Religion?!«

»Jeder einzelne Buchstabe steckt voll göttlicher Energie, behauptet Herr Weil.«

Elischa steht auf, streichelt der Tochter zärtlich übers Haar und sagt:

»Du süßer Schatz, was ich nicht alles von dir lerne! Mach auch schön Mathe, Physik und Englisch! Bis nachher, heute komme ich gegen vier Uhr nach Hause.«

Schoscha wirft noch einen Blick in den Spiegel. Sie hängt sich den Rucksack über die Schulter, flitzt die Treppe hinunter und denkt an Max und Thea. Die haben wahrscheinlich keinen blassen Schimmer von der jüdischen Religion und Sprache! Heute wird sie ihnen während des Unterrichts mal ein Briefchen auf Hebräisch schicken! Die werden Augen machen!

Die Zeit vergeht wie im Fluge. Deutsch, Geschichte. Die Entwicklung der Technik am Anfang des letzten Jahrhunderts steht auf dem Programm. Erfolge der französischen Flugzeug-Konstrukteure und Aeronauten. Aufbau der zivilen Luftfahrt. Erste Postfluglinien … Schoscha macht Notizen in ihrem Spiralheft, zieht dann das Blatt aus der Spirale und faltet einen Flieger. Darauf schreibt sie דאר-אויר (doar-avir), Luftpost. Der Flieger saust gegen das Ohr von Max, der ein paar Reihen vor Schoscha sitzt, überschlägt sich und fällt auf die Erde. Max' rechte Hand befördert ihn ans Licht. Was ist denn das? Eine Geheimschrift?

Große Pause. Max, Julia, Thea und Schoscha stehen zusammen im Pausenhof. Da kommt Michael und pufft Schoscha von hinten zwischen die Schulterblätter: »Sag mal, ein komischer Name ist das: Schoscha!«

»Was? Du Blödmann, ein komischer Name? Das steht schon in der Bibel! Auf Deutsch sagt man Susanne dafür, auf Hebräisch Schoschana!«, antwortet Schoscha, die sich nicht einschüchtern lässt. Die anderen gucken, als fiele es ihnen wie Schuppen von den Augen: Schoscha also ein Kosename, eine Abkürzung für Schoschana!

»Was heißt das?«, fragt Max.

»Lilie!«

»Schön wie eine Lilie!«, flüstert Max ihr zu.

»In der Bibel, im Hohelied Salomos, kommt das vor: ›Wie eine Scho-schana unter den Disteln, so ist meine Freundin unter den Mädchen‹, oder so ähnlich …« Nach einer Pause fügt Schoscha noch hinzu: »Ge-meint ist das Volk Israel!«

»Wieso hast du einen hebräischen Namen?«, fragt Michael.

»Wieso hast du einen hebräischen Namen?«, kontert Schoscha.

»Was soll das?«, fragt Michael verdutzt.

»Na, Michael ist Mi-Ka-El, das ist Hebräisch pur und heißt: Wer-ist-wie-Gott!«

Michael schweigt. Schoscha lacht sich ins Fäustchen.

»Gibt's denn noch andere Namen, die aus dem Hebräischen kom-men?«, fragt Julia.

»Klar, unendlich viele: Eva, Adam, Anna, Hanna, Hans, Maria, Josef, Jossi, Elisabeth, also auch Bettina«, sprudelt es aus Schoscha, »alle stammen aus dem Hebräischen oder haben irgendwie damit zu tun …« Max geht plötzlich ein Licht auf: Schoschas Geheimschrift, das war Hebräisch!

Nach der letzten Unterrichtsstunde stehen Max und Schoscha wieder zusammen.

»Sonntag fahre ich zu meinem Bruder an den Bodensee. Willst du mitkommen?«, fragt Max geradeheraus.

»Ich kann nicht. Außerdem fängt bei mir zu Hause schon heute der Sonntag an.«

»Erzähl keine Märchen«, meint Max erstaunt. Schoscha hüllt sich in Schweigen.

»Aber für einen Spaziergang in den Wallanlagen hast du trotzdem noch Zeit, oder?«

»Klar! Meine Mutter kommt erst um vier Uhr nach Hause. – Sonntag fährst du also an den Bodensee? Ich wusste gar nicht, dass du einen

Bruder hast. Den würde ich gern mal kennenlernen, aber am Sonntag habe ich Reli-Unterricht.«

»Wieso? Ich denke, bei dir ist heute schon Sonntag?! Dauert der dann bis Sonntag?«

Schoscha lächelt verschmitzt und erklärt dann: »Mein heiliger Tag ist der Schabbat, das ist wie euer Sonntag. Schabbat fängt Freitagabend vor Nachtbeginn an und dauert bis Samstagabend.«

»Wirklich?! Hat das Wort Schabbat eine Bedeutung?«

»Ja, aufhören mit der Arbeit, sich ausruhen. Weil Gott nach der Erschaffung der Welt am siebenten Tag ruhte. Das vierte Gebot lautet: ›Gedenke des Schabbat, dass du ihn heiligst‹.«

»Und wie macht man das?«

»Man arbeitet nicht und hetzt sich nicht ab wie an den anderen Tagen. – Schabbat ist schön, Schabbat ist eine Königin, die wir mit einem Lied empfangen, als wäre sie unsere Braut …«

»Mit einem Lied? Sing mal vor!«

Die beiden gehen gerade den alten Stadtwall entlang. Die Sonne scheint und wärmt noch ein bisschen, die Baumkronen heben sich wie Scherenschnitte vom Blau des Himmels ab. Schoscha bleibt stehen und summt eine Melodie.

»Schön«, sagt Max, »wie heißt das Lied?«

»›L'cha dodi likrat kala‹, ›Auf, mein Freund, der Braut entgegen‹. Komm doch mit in die Synagoge, Max, heute zum Freitagabendgottesdienst, da kannst du das ganze Lied hören. Der Gottesdienst beginnt um 18.00 Uhr. Allerdings wirst du heute die heilige Torarolle, die Schriftrolle aus Pergament, nicht sehen, sie wird erst morgen aus ihrem Schrein genommen. Aber die Menora kannst du heute Abend sehen, sie steht immer da.«

»Und was ist das schon wieder?«

»Das heißt bloß Leuchter – er sieht wie die alte Menora im Tempel aus: ein mittlerer Ast, von dem zu beiden Seiten drei Arme abzweigen.«

»Das sind ja tolle Sachen: Pergamentrollen, Tempelleuchter, Sonntag schon ab Freitagabend! Ich komme heute Abend«, sagt Max.

Schoscha wartet schon, als Max ein paar Stunden später um die Ecke biegt. Sie gehen gemeinsam in das Haus, an dem ein Schild mit der Bezeichnung »Gemeindezentrum« hängt. Ein einfaches Haus, wundert sich Max, ohne Glockenturm, innen kein hohes Gewölbe, keine Pfeiler, keine Kirchenfenster, keine Bilder, keine Statuen. Schoscha erklärt ihm kurz, dass Jungen und Männer während des Gottesdienstes und während der Gebete eine Kippa tragen müssen: Sie setzt Max die kleine Kappe auf den Kopf und drückt ihm ein Gebetbuch in die Hand.

Die beiden betreten die Synagoge. Die Atmosphäre ist feierlich. Die Vorderseite des Raumes ist von einem herrlich bestickten Samtvorhang begrenzt, über dem eine Lichtampel hängt. Da hebt auch schon der Gesang an. Ein Mann steht in der Mitte des Raumes und singt allein. Wie ein Opernsänger, denkt Max. Da stimmen auch schon die Anwesenden mit ein. Schoscha ist verschwunden. Unsicher schaut sich Max um, kann sie aber nicht entdecken.

Nach einer Weile singen alle »L'cha dodi likrat kala«. Ist das nicht Schoschas Stimme? Max blickt sich wieder um ... Dies lange tiefe aaaah in »kala«, klingt das nicht nach Schoscha und kommt es nicht von oben? Max dreht sich etwas um und guckt nach oben: Eine Art Innen-Veranda – die Frauen-Galerie – zieht sich im oberen Drittel des Raumes an der Wand entlang und da steht tatsächlich Schoscha, etwas nach vorne über die Balustrade gebeugt, und zwinkert ihm zu. Beruhigt liest Max nun in dem Gebetbuch mit; links steht der Text auf Deutsch, rechts auf Hebräisch.

Plötzlich drehen sich alle zur Eingangstür der Synagoge, als ob sie jemanden begrüßen wollten, der gerade eintritt. Während die Leute singen, liest Max auf der linken Seite des Gebetbuches den Vers: »Kehre ein, Braut, kehre ein, Braut!«

Dann drehen sich die Leute wieder um und der Gottesdienst wird fortgesetzt. Viele Sätze beginnen mit »Gelobt seist du ...« – Lobgesänge, keine Bitten, denkt Max. Ab und zu löst Schweigen den Gesang ab. Vielleicht beten sie jetzt leise?, fragt sich Max.

Plötzlich ist alles zu Ende, die Leute wünschen sich »Schabbat Schalom«. Schoscha kommt auf Max zu, umarmt ihn und sagt ebenfalls:

»Schabbat Schalom. Jetzt weihen wir den Schabbat ein.« Alle strömen in die Eingangshalle. Auf einem großen festlich gedeckten Tisch stehen zwei Leuchter mit brennenden Kerzen, daneben ein Silberbecher und eine Weinflasche, und unter zwei Deckchen versteckt heben sich zwei längliche Formen ab: Was mag das sein? »Sind das Brathähnchen?«, fragt Max, der Hunger hat. Schoscha biegt sich vor Lachen: »Sag mal, bist du verrückt? Riecht es hier nach Hähnchen? Das sind doch die Schabbatbrote!«

Auf kleinen runden Tischen sind Dutzende mit Wein gefüllte winzige Gläser und weitere zugedeckte Teller angeordnet. Der Kiddusch, die Heiligung des Schabbat, beginnt. Rabbiner Blumenfeld füllt den Silberbecher bis an den Rand. Dann beginnt er zu singen.

Schoscha flüstert Max ins Ohr: »Aus dem 1. Buch Mose: ›Und es ward Abend und es ward Morgen: der sechste Tag ...‹«

Nach einer Weile folgen der traditionelle Segen über den Wein – »Gelobt seist du, Herr unser Gott, König der Welt, der du die Frucht des Weinstocks geschaffen hast« – und ein Segensgebet zum Schabbatbeginn. Schließlich trinkt der Rabbiner einen Schluck Wein aus seinem Becher und die Leute greifen zu den bereits gefüllten Gläsern. Herr Weil sammelt die Kinder und Jugendlichen um sich, reicht ihnen ein Gläschen Wein und lässt sie den Segensspruch wiederholen.

Dann lüftet der Rabbiner die Deckchen und spricht den Segen über die zwei Schabbatbrote. Jeder nimmt sich ein Stück Brot von den Tellern und bestreut es mit Salz. Schoscha wiederholt leise für sich den Segen.

Max kann nicht mehr an sich halten: »Gibt es bei euch denn keine Predigt? Wird immer so viel gesungen?« Schoscha überlegt kurz und sagt dann: »Manche Völker singen eben beim Sprechen. Gefühl und Gesang sind bei uns sehr wichtig. Unser Rabbiner hält selten eine Predigt. Dabei kennt er sich unheimlich gut in den jüdischen Wissenschaften aus.«

Max hört, wie sich die Leute wieder und wieder »Schabbat Schalom« und »Gut Schabbes« sagen. Dann strömen sie hinaus. Zurück bleiben zwölf Jugendliche, die gemeinsam »Oneg Schabbat«, den »Genuss des Schabbat«, erleben werden. Die meisten sind älter als Schoscha, doch auch Rosana und Jossi aus Herrn Weils Religionsunterricht sind mit von der Partie. Schoscha sitzt zwischen Max und Rosana, Max zwischen Schoscha und Jossi.

Rabbiner Blumenfeld wiederholt den Kiddusch. Schließlich beginnt das Abendessen: Schabbatbrot, Suppe, Salate, Fischspeisen …

»Sag mal, Schoscha, ist das Essen hier umsonst?«, fragt Max.

»Na klar, das bezahlt die Gemeinde. Wir verdienen ja noch nichts.«

»Und wenn die halbe Stadt kommt und mitessen will?«

»Na ja, einen einzelnen Gast darf man schon mitbringen.«

»SCHSCHTTTTT«, macht Rabbiner Blumenfeld plötzlich und klopft mit dem Finger auf den Tisch: »Wir singen jetzt.« Er stimmt Hymnen zu Ehren des Schabbat an; die meisten Strophen enden mit Refrain. Da kann sogar Max mitsingen. Schließlich fordert Rabbiner Blumenfeld die Jugendlichen auf, Fragen zum Schabbat zu stellen. Alle schweigen einen Moment und denken nach.

»Zwei Kerzen, zwei Brote – warum immer zwei?«, fragt Rosana, und

Schoscha wundert sich darüber, dass sie selbst sich diese Frage noch nie gestellt hat.

»Die beiden Lichter sind Symbole für die beiden Seelen, die es gibt: die Alltagsseele und die Schabbatseele, auch zusätzliche Seele genannt, die vollkommen und glücklich ist. Die beiden Schabbatbrote – das ist komplizierter, das hat mit dem Himmelsmanna zu tun, das Gott den Israeliten schickte, als sie in die Wüste Sinai kamen. Am sechsten Tag sollten sie für zwei Tage Manna einsammeln, denn am Schabbat durften sie nichts einsammeln. Was aber bedeuten diese Dinge für uns heute, warum verweisen wir mit den zwei Broten auf das Himmelsmanna?«

Jossi hat eine Antwort parat: »Liebe geht durch den Magen, Erinnerung geht auch durch den Magen.«

»Gut! Jeder Schabbat soll ein Wiedererleben der Schöpfung und der Befreiung aus der ägyptischen Sklaverei sein. Immer wieder schärft die heilige Schrift den Juden ein: Gedenke! Erinnere dich! Insgesamt fast zweihundertmal.«

»Wie bekommt man eine Schabbatseele?«, fragt Lea, die schon achtzehn ist und so leuchtende Augen hat, dass Schoscha denkt: Lea hat bestimmt immer eine Schabbatseele! Nicht nur am Schabbat.

»Der Schabbat ist kein Ruhetag zum Entspannen im modernen Sinn«, erklärt Rabbiner Blumenfeld. »Ganz leichte Tätigkeiten wie zum Beispiel das Anzünden eines Streichholzes sind am Schabbat verboten. Das gilt als Eingriff in die Natur. Und genau darum geht es: Für einen Tag soll die Harmonie zwischen Mensch und Natur wiederhergestellt werden. Aber auch die soziale Ordnung darf an diesem Tag nicht gestört werden. Deshalb ist es nach dem religiösen Gesetz zwar erlaubt, innerhalb seines eigenen Hauses eine schwere Last zu tragen, nicht aber ein Taschentuch aus dem privaten Bereich in den öffentlichen.

All das tritt außer Kraft, wenn eine Seele oder ein Körper in Not ist. Dann darf man die Regeln brechen. – Frieden mit sich selbst, mit den anderen Menschen, mit den Tieren, mit der Natur – da fühlt sich die Schabbatseele gut aufgehoben, vor allem wenn man den Schabbat freudig begeht.«

»Darf ich eine Frage stellen?«, flüstert Max Schoscha ins Ohr.

»Sicher, frag doch!«

»Warum haben die Juden nur einen Tag lang Harmonie und Frieden? Warum nicht die ganze Woche, das ganze Jahr?«

»Das ist schon viel, ein Tag, du Träumer! Ein Körnchen Zeit, das heilig ist, heiliger als der Tempel oder irgendwelche Gegenstände … Es ist die realistische Seite der jüdischen Religion. Seit der Vertreibung aus dem Paradies herrschen unparadiesische Zustände auf der Welt. Man kann sich glücklich schätzen, wenn die Schabbat-Seele einen einzigen Tag der Woche erfüllt. Außerdem nimmt der Schabbat die Zeit des ›ewigen Schabbat‹, die messianische Zeit, vorweg. Manche behaupten allerdings, der Messias sei bereits da: in den Handlungen jeder einzelnen Person, sofern sie nach den Vorschriften des heiligen Gesetzes lebt. Die Zeit des ›ewigen Schabbat‹ reicht demnach bis in die Gegenwart.«

Max möchte Schoscha nach Hause begleiten. Der Weg ist ja nicht allzu weit. Er hat noch etwas auf dem Herzen: »Warum hat der Rabbiner mich Träumer genannt?«

»Keine Ahnung. Vielleicht, weil du von einer unmöglichen Harmonie zu träumen scheinst. Kennst du die Bibel ein bisschen? Denk nur an Kain und Abel.«

»Kain und Abel, ja, davon habe ich gehört. Mein Vater hat neulich davon geredet: Bruderneid, Brudermord – schon ganz am Anfang der Menschheitsgeschichte. Er glaubt an nichts, schon gar nicht an Gott oder an das Gute im Menschen.«

»Und du?«

»Ich? – Na, vielleicht gibt es doch das Gute, verschüttet unter einem Haufen von Ängsten und Sorgen.«

»Die Religion will die Menschen jedenfalls besser machen.« Schoscha bleibt stehen und blickt hoch: kein Licht mehr in Elischas Zimmer.

»Gute Reise am Sonntag!«

»Danke für den schönen Abend. Bis nächste Woche.«

Als Schoscha am nächsten Morgen aufwacht, ist es noch ganz still in der Wohnung. Was!? Schon halb zehn?! Sie springt auf, geht in die Küche: keine Spur von der Mutter, keine Spur von Frühstück. Sie öffnet ganz leise die Tür zu Elischas Zimmer, nur einen Spaltbreit: Wie ein großer roter Fächer liegen die Haare auf dem Kopfkissen; das Gesicht ist hinter einem Buch versteckt. Schoscha entziffert: »Marc Stern: ›Der gestörte Schabbat. Chassidische Geschichten‹.« Geheimnisvoll klingt das!

Da senkt sich die Hand mit dem Buch und Elischa zieht lustig die Augenbrauen hoch: »Na, schon aufgewacht? Noch müde? Dann leg dich ein bisschen zu mir, ich les dir was vor.«

Schoscha kriecht unter die Daunendecke. Es ist ein bisschen eng in dem Bett, die Haare sind überall im Weg, dem Buch im Weg, den Augen und Armen im Weg. Die Arme selbst sind im Weg. Endlich haben die beiden eine bequeme Lage gefunden. Elischa hebt das Buch vor die Nase und beginnt zu lesen: »›Ein Chassid‹ – weißt du, Schoscha, das ist ein Frommer aus der Bewegung des Chassidismus, damals in Osteuropa –, also: ›Ein Chassid fragte Awraham Mordechaj Alter, den zukünftigen Rebbe von Ger, der gerade einmal drei Jahre alt war: ›Ich werde dir ein Goldstück geben, wenn du mir sagst, wo Gott weilt.‹ Ohne zu zögern, antwortete das Kind: ›Und ich, ich werde dir zwei Goldstücke geben, wenn du mir sagst, wo Er nicht ist.‹ Der Junge bekam sein Goldstück.‹«

»Wie klug das Kind ist«, wundert sich Schoscha, »es ändert nur ein Wort und sagt seine Wahrheit.«

»Ja. Um die Wahrheit zu sagen, braucht man keine langen Reden oder dicken Bücher. Ein Wort, eine kleine Geschichte oder ein Gedicht können genügen. Die Chassidim suchten den göttlichen Funken noch in den winzigsten Wesen und Dingen. Gesang, Tanz, Freude halfen ihnen dabei. Gelehrtheit schien ihnen weniger wichtig. Traurigkeit hielten sie für eine Sünde.«

»Wollen wir im Bett frühstücken?«

»Na, ein bisschen eng und unbequem, oder? Ich glaube, die Sonne scheint schon durchs Küchenfenster. Da baden wir beim Frühstück in der Sonne und genießen den Schabbat. Wir können uns später anziehen. – Mach du das Frühstück, ich hol inzwischen die Post hoch.«

Elischa zieht sich den Bademantel an und geht an den Briefkasten, Schoscha schlüpft in eine Jogginghose und hüpft mit einer Idee im Kopf aus dem Zimmer: Sie will frischen Orangensaft pressen.

Da kommt Elischa; sie wedelt mit einem Luftpostumschlag vor sich her:

»Rat mal, wer dir geschrieben hat!«

Sie reicht Schoscha den Umschlag, auf dem eine große zweigeteilte Briefmarke prangt. Die eine Hälfte zeigt einen üppigen Avocadostrauch, die andere eine aufgeschnittene Avocado.

»Na endlich«, ruft Schoscha aus und schon hält sie die eng beschriebene Seite in der Hand, doch sie kann sie nicht entziffern: Nathan hat auf Russisch geschrieben! Schoscha sagt: »Übersetz mal bitte, Mama!«

»Natürlich«, sagt Elischa und legt los: »›Liebe Schoscha! Von der Existenz der 2 400 000 Bedeutungen wusste ich bisher nichts. Woher hast du denn diese Zahl? Gibt es nicht 13 000 000 Bedeutungen – so viele Juden gibt es nämlich auf der Welt? Die Möglichkeiten, Bat-Mizwa zu feiern, sind nicht ganz so zahlreich, sonst hättest du die Qual* *der Wahl. Hier in Israel feiern die meisten Mädchen ihre Bat-Mizwa in der Schule: Sie singen Psalmen und sprechen Gebete. Manche Familien begehen den zwölften Geburtstag der Tochter einfach nur als besonderes Ereignis, außerhalb der Gemeinde, ohne Religion. Ich wäre gern dabei, wenn du deine Bat-Mitzwa feierst, doch wahrscheinlich werde ich keinen Urlaub bekommen. Teile mir aber bitte trotzdem das genaue Datum mit. Dein Papa‹*

Guck mal, hier unten steht ja sogar eine E-Mail-Adresse«, sagt Elischa und zeigt Schoscha die Stelle.

»Klasse! Wannathan@zahav.net.il … Ich schicke ihm eine E-Mail!«

»Na, mal sachte, lass uns doch erst einmal frühstücken! Hast du denn keinen Hunger?«

Gleich nach dem Frühstück setzt sich Schoscha an den Computer:

8. November 2003

Hallo, Papa, ich habe deinen Brief bekommen. Tausend Dank! Meine Bat-Mizwa findet am 13. Dezember statt. Ich gehe jede Woche zum Religionsunterricht in die Gemeinde. Es macht mir großen Spaß; doch ich weiß immer noch nicht, was eigentlich das Entscheidende in unserer Religion ist. Kannst du es mir vielleicht sagen? Herr Weil, mein Reli-Lehrer, redet immer nur viel.

Ich kann schon ein bisschen Hebräisch. Ich könnte dir sogar auf Hebräisch schreiben. Doch mit diesem Computer ist das zu kompliziert! Die hebräischen Zeichen gibt es nur als ›Sonderzeichen‹. Man muss jedes einzelne extra einfügen! Deshalb nur so viel: שלום ,שושה *(Schalom, Schoscha)*

PS: Es wäre wunderbar, wenn du doch zu meiner Bat-Mizwa kommen könntest.

Schoscha fragt Elischa, ob sie auch etwas schreiben möchte: »Ich helfe dir am Computer.« Doch Elischa hat keine Lust, sich an den Computer zu setzen.

Schoscha geht auf Senden. Wird sie diesmal schneller eine Antwort bekommen?

Am folgenden Tag, Sonntag, findet wieder Religionsunterricht im Gemeindezentrum statt. Da stehen schon Igor, Jossi und Rosana. Und da kommt gut gelaunt Herr Weil. Er beginnt seinen Unterricht mit der Frage: »Hat jemand eine Frage? Was ist überhaupt eine Frage? Gibt es gute und schlechte Fragen?«

Schoscha meldet sich und sagt: »Jede Frage ist gut, weil zu fragen gut ist. Es gibt aber wichtige und weniger wichtige Fragen.«

»Warum ist zu fragen gut?«

»Weil das Fragen uns verbindet: Ein Mensch fragt, ein anderer antwortet oder fragt weiter. Frage und Antwort gehören zusammen. Fragen müssen gestellt werden, wenn man das Denken der anderen kennenlernen will.«

»Welche Fragen sind wichtig, welche unwichtig?«

»Fragen, die andere Fragen aufwerfen, sind wichtig. Fragen, die gleich eine Antwort finden wie ›Regnet es draußen?‹, sind unwichtig.«

»Was?«, protestiert Jossi. »Ob es regnet oder nicht, ist unwichtig? Das hängt doch ganz davon ab, was man gerade vorhat!«

»So hab ich das nicht gemeint. Ich habe gesagt, die Frage ist als solche unwichtig. Jeder kann ja selbst gucken, ob es regnet oder nicht«, antwortet Schoscha.

Jossi lässt nicht locker: »Gerade weil jeder selbst gucken und entscheiden kann, ist die Frage als Handlung wichtig. Sie kann nämlich meinen: Ich hoffe, dass es regnet, dann bleibst du noch bei mir, denn ich mag dich sehr.« Jossi wirft Rosana einen Blick zu. Seine dicken braunen Haare trägt er genau wie Rosana zu einem Pferdeschwanz zusammengebunden.

»Gutes Beispiel, Jossi!«, sagt Herr Weil. »Wenn aber schon eine einfache Frage wie ›Regnet es draußen?‹ so vielschichtig und kompliziert ist, dann verstehen wir, wie groß die Schwierigkeiten sein müssen, wenn man über schwierige Sachverhalte redet.«

»Welche Sachverhalte?«, wirft Schoscha ein.

»Nun, zum Beispiel die Existenz Gottes. Das ist eine uralte, gewichtige Frage, die immer wieder gestellt wurde. – Manche Rabbiner sind übrigens der Meinung, dass man über Gott überhaupt nicht reden kann, sondern allenfalls zu ihm.«

Wieder meldet sich Jossi, der Widerspenstige: »Was ist aber, wenn man auch nicht zu ihm reden kann? Ist man überhaupt noch Jude, wenn man weder *über* Gott noch *zu* Gott sprechen kann, wenn man weder *an* Gott noch Gott glaubt?«

Herr Weil bleibt keine Antwort schuldig: »Mehr als der Glaube zählen unsere Handlungen. Vielleicht glaubt der eine oder andere nicht an Gott, nicht an einen Vatergott, aber an den moralischen Grundsätzen unserer Religion, wie Gerechtigkeit und Nächstenliebe, kommt man nicht vorbei. Davon abgesehen bleibt selbst derjenige, der die Mizwot nicht achtet, auch im religiösen Sinne jüdisch. Der rabbinische Grundsatz lautet nämlich: Das jüdische Volk bleibt das jüdische Volk, selbst wenn es gesündigt hat – und das gilt auch für jeden Einzelnen, ob er oder sie nun gläubig ist oder nicht.«

Jossi ist immer noch nicht zufrieden und fragt: »Um wen und was geht es eigentlich? Um das jüdische Volk, um den einzelnen Juden, um den religiösen Menschen im Allgemeinen?«

»Um all dies, das schließt sich doch nicht aus! Wie ihr wisst, wird die Tora dem Volk nicht in Erez Israel, sondern in der Wüste Sinai übergeben; die spezielle Bindung zwischen dem Volk und seinem Gott hat ihren Ursprung in der Wüste, im Niemandsland. Was mag das bedeuten?«

Rosana hat eine Idee: »Im Niemandsland ist niemand ausgeschlossen, jeder kann sich anschließen.«

»Sehr gut!«, ruft Herr Weil.

Niemandsland, Niemand … Schoschana sucht in ihrem Gedächtnis, immer dringlicher, immer heftiger. Plötzlich ist es da, der Anfang eines Gedichts, das Elischa ihr vor ein paar Tagen zum Lesen gegeben hat:

»Niemand knetet uns wieder aus Erde und Lehm, niemand bespricht unsern Staub. Niemand …« Ist Gott für Schoscha ein Niemand? Und für den Dichter? Und Schoscha? Ist sie für ihren Vater ein Niemand? Sechs Jahre hat er sich nicht blicken lassen! Ob er die E-Mail schon beantwortet hat? Ein Vater bleibt ein Vater, selbst wenn er seine Tochter sechs Jahre lang vernachlässigt.

Nach dem Unterricht hat Schoscha es eilig, nach Hause zu kommen, ihren Computer anzuwerfen und nach einer E-Mail aus Jerusalem zu gucken. Doch da sagt Rosana: »Kommst du noch mit ins Café? Ich zeige dir was.« Schoscha mag nicht Nein sagen. Und sie ist neugierig.

»Gut. Aber zeig doch mal, was du hast!«

»Gleich, wenn wir im Café sitzen.«

Im Café angekommen, gehen die beiden Mädchen schnurstracks zu einem kleinen Erker, in dem sie am liebsten sitzen. Der Tisch ist frei! Sie haben Glück!

Nachdem der Kellner heiße Schokolade gebracht hat, holt Rosana die angekündigte Überraschung aus ihrer Umhängetasche: ein Kuvert, das sie eine Weile wie einen Fächer vor Schoschas Nase hin und her bewegt: »Rat mal, was hier drin ist!«

»Ein Brief von … Keine Ahnung!«

Dann zieht Rosana eine weiße Doppelkarte aus dem Kuvert: »Ich hab schon die Einladung für meine Bat-Mizwa entworfen.« Sie macht die Karte langsam auf: »Der Witz ist, dass das ›R‹ meines Namens von einer roten Rose gebildet wird und dass der Stängel mit den Blättern die anderen Buchstaben umrahmt.«

»Das ist ja toll!«, sagt Schoscha und liest: *Rosana feiert ihre Bat-Mizwa am 29. November 2003.* Darunter das Datum des hebräischen Kalenders: *4. Kislew 5764.* Auf der anderen Innenseite: *Nach dem Gottesdienst, in dem Rosana Psalmen und Gebete vorträgt, lädt sie zu einem Empfang ein.*

»Ist gut geworden! – Ich hab 'ne Idee! Ich mach das am Computer mit dem Malprogramm und schick das angehängt an eine E-Mail los … an meinen Vater nach Jerusalem, an meinen Onkel nach Philadelphia, an meine Tante nach London, an meine Großmama und Tante nach Odessa.«

»Können die denn E-Mails empfangen? – Glaubst du, die kommen von so weit her?«

»Mit dem Flugzeug ist das nicht weit. Bat-Mizwa feiert man nur einmal im Leben. – An wen schickst du deine Einladung?«

»An Verwandte und an Freunde von hier.«

»Ich muss nach Hause. Zahlst du noch für mich?« Schoscha steht urplötzlich auf, legt das Geld auf den Tisch und geht. Rosana blickt ihr verwundert hinterher.

Zu Hause angekommen, wirft Schoscha sofort ihren Computer an. Sie nimmt sich nicht einmal die Zeit, Jacke und Schuhe auszuziehen. Sie hat nur schnell ihren Rucksack und ihre Handschuhe aufs Bett geworfen.

Da ist tatsächlich der ersehnte Posteingang aus Jerusalem! Der Vater schreibt wieder auf Russisch! Schoscha muss sich gedulden, denn

Elischa ist nicht zu Hause. So ein Mist! Was nützt die Schnelligkeit der E-Mails, wenn man sie nicht entziffern kann?!

Schoscha druckt den Brief aus. Dann sucht sie nach dem Russisch-Lehrbuch, das ihr Elischa geschenkt hat. Sie blickt hinein. Klar, dieselben Zeichen wie in der E-Mail. Doch die Zeichen zu erkennen und sie auszusprechen oder gar Worte daraus zusammenzusetzen, das sind verschiedene Paar Schuhe. Schoscha wirft das Buch auf ihr Bett. Bis zur Bat-Mizwa sind es nur noch fünf Wochen. Soll sie sich auf das Hebräische konzentrieren oder jetzt auch noch mit Russisch anfangen? Vielleicht …

Da schließt Elischa die Türe auf und Schoscha ruft, als würde es brennen: »Eine E-Mail auf Russisch, aus Jerusalem. Kannst du bitte mal übersetzen!«

Elischa ist erschöpft, doch sie sieht, wie gespannt die Tochter ist. Sie wirft ihre Jacke von sich, lässt sich auf Schoschas Bett fallen, nimmt den Computer-Ausdruck und beginnt zu übersetzen:

»›Liebe Schoscha, hab Dank für deine E-Mail. Ob jemand hier Urlaub bekommt oder nicht, richtet sich zurzeit leider nicht nach dem Datum, an dem die Tochter in Deutschland ihre Bat-Mizwa feiert, sondern nach der Lage – und die ist trostlos!*
Über deine andere Frage habe ich lange nachgedacht. Ein Spruch, den ich neulich gelesen habe, fasst die entscheidenden Dinge der jüdischen Religion gut zusammen: ›Das Erinnern, das Buch und der Name sind die drei Säulen, auf denen das ›unsichtbare‹ Gebäude des Judentums ruht.‹ Fast alle jüdischen Feiertage erinnern an wichtige Erfahrungen und Ereignisse aus der Geschichte des Volkes Israel. Mit Buch ist die Notwendigkeit gemeint, die jüdische Lehre zu studieren und weiterzugeben. Aber es gibt eben nicht nur zwei Säulen – das wäre viel zu instabil und wacklig –, sondern mindestens drei. Die dritte Säule, der

>Name‹, bedeutet Gott, dessen Name nicht ausgesprochen werden darf und von dem alle anderen Namen herkommen. Eine komplizierte Sache. ›Name‹ kann auch für den Namen des anderen Menschen, ja sogar für den Feind stehen. Das gerechte Handeln gegenüber dem anderen ist die dritte Säule des Judentums. Aber wer schafft das schon, gerecht zu handeln? Viele Grüße, dein Papa‹.«

»Danke, Mama«, sagt Schoscha, »drei Säulen! Das kann ich mir gut merken!« Sie macht ein trauriges Gesicht. Fast muss sie weinen. Da sind auch schon die Tränen. Schnell nimmt Schoscha den Computerausdruck und geht in ihr Zimmer.

Eine Woche später setzt sich Schoscha nach dem Religionsunterricht an den Computer: Sie muss endlich die Einladung zu ihrer Bat-Mizwa gestalten! Sie richtet erst einmal eine neue Datei ein und nennt sie SCHOSCHANATHAN.doc, ein Name, der ihr Glück bringen soll. Dann zeichnet sie einen Rahmen und schreibt hinein:

Am 18. Kislew 5764, 13. Dezember 2003,
feiern wir in der Synagoge Bat-Mizwa.
Schoschana lädt dich ein!

Dann malt sie mit dem Malprogramm eine Art Menora, an deren Armen Lilien entlangwachsen. In den Fuß des Leuchters schreibt sie »לנתן« – »*Für Nathan*«.
   Die Datei hängt sie an eine E-Mail:

16. November 2003
Lieber Papa, wenn du nicht kommen kannst, können wir meine Bat-Mizwa auch später zusammen nachfeiern. Deine Schoscha

Nachdem sie beides losgeschickt hat, ändert sie die Einladung. In den Fuß des Leuchters schreibt sie »*Für Max*« und hängt die Datei an eine E-Mail, die sie an Max schickt. Dann löscht sie den Namen und macht viele Ausdrucke, die sie mit der Post nach Odessa, nach Paris, nach London und nach Philadelphia schicken will.

Am 23. November erhält Schoscha endlich die ersehnte E-Mail aus Jerusalem – diesmal auf Hebräisch. Schoscha entziffert langsam:

Liebe Schoscha, ich bekomme Urlaub: vom 12. bis zum 28. Dezember. Ich komme also zu deiner Bat-Mizwa. Ich freue mich darauf, dich wiederzusehen. Dein Papa

Schoscha springt auf, läuft in die Küche und fällt Elischa um den Hals:
»Papa kommt zu meiner Bat-Mizwa!« Ich fließe über vor Glück ... denkt sie, während sie immer wieder die E-Mail aus Jerusalem liest.

»Masal tow! Masal tow ... ! Herzlichen Glückwunsch! Viel Glück!«, schallt es durch die Synagoge.
Die Frauen und Mädchen auf der Frauen-Galerie greifen zu den mitgebrachten Bonbons: Ein süßer Regen geht auf die Gottesdienstbesucher nieder ...
Elischa blickt wie gebannt in den Synagogenraum. An ihrem inneren Auge ziehen die Bilder der letzten halben Stunde vorbei: Schoscha in ihrem dunkelroten Samtkleid, ernst und feierlich, die Wangen gerötet, die Augen glänzend. Schoscha vor dem Toraschrein, wie sie gefühlvoll die Psalmen singt. Nathan – so ungewohnt mit der Kippa auf dem Kopf und dem Gebetsmantel über den Schultern. Seine Freude über die Tochter. Seine großen Hände auf ihrem Kopf: »J'warächcha adonai ... Der Ewige segne dich und behüte dich. Er lasse dir sein

Angesicht leuchten und sei dir gnädig ... « Schoscha mit Tränen in den Augen, dann schon wieder lächelnd, wie sie den Kopf hebt und zu ihr hinaufschaut. Dann das Stimmenkonzert. Schade, dass Großmama und Tamara nicht kommen konnten. Für Doron und seine Familie war es auch zu weit.

»SCHSCHTTTTT«, ruft unten Rabbiner Blumenfeld. Ach ja, die Ansprache ...

»Liebe Bat-Mizwa, du bist nun also religiös mündig, verantwortlich für dein Tun. Manch einer hat Angst vor der Verantwortung. Doch du hast dich mit unseren religiösen Gesetzen und Traditionen vertraut gemacht. Du hast die heilige Sprache gelernt. Du gehörst einer Gemeinde an. Durch all dies bist du gewappnet für mündiges Handeln ... Und vergiss nicht: Bei jeder neuen Herausforderung sieht man das Ziel klarer, das einem zunächst nur dunkel vor Augen schwebt ... Masal tow!«

Schön gesagt. Die Leute horchen auf. Auch Schoschas Freunde und Freundinnen. Da sitzt Max, der in letzter Zeit häufiger bei ihnen zu Hause war. Woher er nur diese Kippa mit den hebräischen Schriftzeichen hat? So voll hat Elischa die Synagoge noch nie gesehen ...

Wieder rieselt es Bonbons, wieder rufen die Leute »Masal tow«; dann gehen die Rufe allmählich im allgemeinen Stimmengewirr unter.

Wo Schoscha bloß ist? Elischa beugt sich über die Brüstung: keine Spur von Schoscha. Sie steht auf und dreht sich um. Oh! Da steht ihre Tochter – erwartungsvoll lächelnd – am Eingang der Frauen-Galerie!

»Na, Mama, wie sehe ich aus?! Anders? Erwachsen?«

Elischa nimmt sie in den Arm und ruft: »Wie eine Lilie unter den Disteln!«

173

Mehr über unsere Bücher, Autoren und Illustratoren auf www.gabriel-verlag.de

Ebinger, Katharina (Hrsg.):
Mensch sucht Sinn
ISBN 978 3 522 30463 4

Illustrationen: Eva Schöffmann-Davidov
Einbandtypografie: Hanna Hildenbrand, formlabor
Innentypografie: Bettina Wahl
Reproduktion: Digitalprint GmbH, Stuttgart
Druck und Bindung: Livonia Print, Riga

Glauben ist nicht von gestern

Thomas Erne · Sabine Jocher
Wo geht's hier zum Leben?
Was Gott mit deinem Alltag zu tun hat

128 Seiten · Klappenbroschur
ISBN 978-3-522-30464-1

Hat Glauben etwas mit dem Alltag zu tun? Worauf kommt es an im Leben? Lässt Gott mit sich reden? Alle Fragen, die ihr rund um Gott und Glauben habt, werden hier beantwortet. Dabei geht es aber nicht nur um religiöse Themen wie Taufe oder Beten, sondern auch um Sinn-Fragen, die sich jeder schon einmal gestellt hat. Ein Buch über einen Gott, mit dem man reden kann und die Liebe, die keinen kalt lässt.
Kaum zu glauben? Dann ist das der richtige Denk-Stoff für dich.